International Institute for Theoretical Cardiology

Ideengeschichtliche Verwandtschaft

Von Hans Reichenbachs ›Berliner Gruppe‹ (1927–1932) zum IIfTC (1982–2022)

Ich widme dieses Buch meinen Eltern, dem Arzt Dr. med. Hans-Oskar Schäfer (1906–1996) und seiner Ehefrau Ilse Schäfer, geb. Grosch (1909–1990), die für mich und meine Brüder Professor Dr. med. Peter Schaefer (1934–2021) und Professor Dr. med. Klaus Schaefer (1939–2015) trotz schwieriger Zeitumstände durch ihr Vorbild im Leben und Arbeiten die Voraussetzungen für die Ergreifung des ärztlichen Berufs schufen – und nicht zuletzt meiner Frau Brigitte, deren stete Unterstützung in all meinen Vorhaben und Lebensumständen, um auch unseren Kindern Anne-Kathrin Dieulangard und Dr. med. Tim Schaefer ein vergleichbares Beispiel zu sein, mich sehr dankbar macht.

Bibliografische Information der Deutschen Nationalbibliothek:
Die Deutsche Nationalbibliothek verzeichnet diese Publikation in der
Deutschen Nationalbibliografie; detaillierte bibliografische Daten
sind im Internet über http://dnb.d-nb.de abrufbar.

© 2022 Dr. Jochen Schaefer
Umschlaggestaltung: Dr. Brigitte Lohff
Satz, Herstellung und Verlag:
BoD – Books on Demand
ISBN: 9783756873890

Prolog

Das Anliegen des hier vorgelegten Buches besteht in zwei Zielsetzungen: Zum einen wollen wir in Essay I eine nachlesbare Dokumentation[1] der gesamten Tätigkeit des International Institute for Theoretical Cardiology (IIfTC)[2] in seinen Symposien, Colloquien, Vorträge, Stellungnahmen, Publikationen etc. von 1982 bis 2022 vorstellen. Sie stützt sich auf die ausgedruckten und von Claas Lattmann und Katrin Köther zusammengestellten und gepflegten Informationen unserer Website iiftc.de.

Zum anderen soll in Essay II diese Dokumentation in Beziehung setzen zu den inzwischen verfügbaren Informationen über die Tätigkeit der ›Berliner Gruppe‹ innerhalb der Gesellschaft für empirische Philosophie, die vor allem von Hans Reichenbach geprägt wurde.[3] Zu

---

[1] In enger Zusammenarbeit mit Claas Lattmann und Katrin Köther 2009 kompiliert, als Website iiftc.de auf Englisch und Deutsch verfügbar gemacht, betreut und jetzt überarbeitet. Herrn Professor Dr. Heinz Lüllmann ursprünglich als Unikat zu seinem 85. Geburtstag am 10. April 2009 in Dankbarkeit gewidmet und in erweiterter Form 2022 auf den jetzigen Stand gebracht. – In dem seinerzeitigen Privatdruck für Herrn Professor Lüllmann haben wir mit der »Eindeutschung« unserer Institutsbezeichnung »International Institute for Theoretical Cardiology« als »Internationales Institut für Theoretische Cardiologie« einen Fehler begangen, denn das Wort »Cardiologie« gibt es im Deutschen so nicht, sondern wird als »Kardiologie« geschrieben. Dies kollidiert aber mit der international verwendeten Bezeichnung »IIfTC«. Leider haben wir diese unselige Eindeutschung des Wortes in vielen Adressenangaben des Instituts bei zahlreichen Beiträgen benutzt. Um diesen Fehler für die jetzt vorgesehene Buchveröffentlichung zu vermeiden, wurde die falsche deutsche Rechtschreibung durch die international sonst immer benutzte Bezeichnung »International Institute for Theoretical Cardiology« ersetzt.

[2] Internationales Institut für Theoretische Cardiologie (IIfTC) e. V., Kurklinik Küppelsmühle, 6482 Bad Orb. Eingetragen beim Amtsgericht Gelnhausen als gemeinnütziger Verein unter VR 602 am 05. Oktober 1984. – Verlegung des Vereins von Bad Orb nach Kiel, eingetragen beim Amtsgericht Kiel am 09. Februar 1999. Die Auflösung des Vereinsstatus des IIfTC erfolgte am 03.07.2017 und wurde am 30.07.2017 in den »Schleswig-Holsteinischen Anzeigen« Teil B Nr. 7/17 vom 30.07.2017 auf Seite 153 veröffentlicht.

[3] So beschwert er sich in einem Brief an Ernst von Aster vom 3. Juni 1935 über dessen Darstellung des »Logistischen Neopositivismus« in dem gerade erschienenen Buch »Die Philosophie der Gegenwart«.
»Da muss ich nun zuerst sagen, dass ich es sehr bedauere, dass Sie fast immer nur von dem Wiener Kreis schreiben, sodass es so aussieht, als ob diese ganze philosophische Richtung allein in Wien und Prag entstanden wäre. Ein ebenso aktives Zentrum wie der Wiener Kreis war unsere Berliner Gruppe, und darüber hat es ja im Innern unserer Richtung auch niemals einen Zweifel gegeben. Nicht nur, dass in Berlin ein großer Teil der

den bislang kaum aufgearbeiteten Bereichen innerhalb der logisch-empiristischen Bewegung gehört die Beziehung zwischen Wiener Kreis und ›Berliner Gruppe‹. Das mag im günstigsten Fall daran liegen, dass nichts Nennenswertes über diese Beziehung zu berichten ist, im ungünstigsten Fall, dass einfach zu wenig darüber bekannt ist. Während die Literatur zum Wiener Kreis und ihren Repräsentanten beständig wächst, ist aus dem Umfeld der ›Berliner Gruppe‹ allenfalls Hans Reichenbach gut aufgearbeitet.

Darüber hinaus sollen in Essay II persönliche Erfahrungen des Senior-Autors mit dem Werk von Hans Reichenbach geschildert werden. Sie werden als Ausgangspunkt dafür dienen, die Dokumentation von Essay I zu den inzwischen verfügbaren Informationen über die Tätigkeit der ›Berliner Gruppe‹ innerhalb der Gesellschaft für empirische Philosophie, die vor allem von Hans Reichenbach geprägt wurde[4], in Beziehung zu setzen.

In der Literatur zum logischen Empirismus wurde die Existenz der ›Berliner Gruppe‹ zwar frühzeitig registriert, dennoch bestand allzu häufig die Neigung, sie mehr oder weniger dem Wiener Kreis zuzuordnen. Erst in jüngster Zeit sind überhaupt Bemühungen zu verzeichnen, die ›Berliner Gruppe‹ bzw. die Internationale Gesellschaft für empirische Philosophie aus der engen Verklammerung und nicht selten der Identifizierung mit dem Wiener Kreis zu lösen und ihr ein eigenständiges wissenschaftshistorisches Profil zu geben. Dass dies erst so spät erfolgt, ist umso verwunderlicher, als Hans Reichenbach immer wieder darauf bestanden hat, die Leistungen der ›Berliner Gruppe‹ angemessen gewürdigt zu sehen.

In den 1920er-Jahren strebten die Mitglieder der *Gesellschaft für wissenschaftliche Philosophie* (›Berliner Gruppe‹) an, einen konstruktiven interdisziplinären Dialog zu ermöglichen, mit dem Gedanken/Ziel, dass die philosophische Reflexion über aktuelle Ergebnisse der Wissenschaft zum Vorteil beider sein können. Dieser Berliner

---

wissenschaftlichen Arbeiten unseres Kreises geschrieben worden ist [...] Unsere Gesellschaft für wissenschaftliche Philosophie hat alle zwei oder drei Wochen einen Kreis von 100 bis 300 Menschen zu Vorträgen und Diskussionen vereinigt, in meinen Seminaren und Kolloquien sind alle unsere Probleme durchdiskutiert worden, und, last not least, die Erkenntnis, wohl das wichtigste Glied unserer Organisationsarbeit, ist in Berlin gegründet worden und auch von dort aus geleitet worden.« (Schwernus, W., S. 33/34, 2005)

4   Vgl. Schernus: Die Gesellschaft für wissenschaftliche Philosophie: Programm, Vorträge, Materialien, in: Schernus, Verfahrensweisen historischer Wissenschaftsforschung, Exemplarische Studien zu Philosophie, Literaturwissenschaft und Narratologie, Diss. phil., S. 15–103 (2005).

Kreis ist ja nun durch die Hitlerregierung auseinandergetrieben worden, aber er lebt noch jetzt als virtuelle Einheit fort; und gerade nachdem unsere Arbeit durch die politische Entwicklung so schwer betroffen worden ist, liegt mir daran, dass diese Arbeit wenigstens in der Geschichte unserer Bewegung genannt wird.

Wir hoffen, bei diesem Vergleich zeigen zu können, dass die Zielsetzungen beider wissenschaftlicher Arbeitskreise sich in mancher Beziehung ähneln, mit dem gravierenden Unterschied, dass wir unsere Tätigkeit über 40 Jahre ausüben konnten, während die ›Berliner Gruppe‹ um Hans Reichenbach durch das Aufkommen des Nationalsozialismus in ihrer personellen und örtlichen Zusammensetzung ihre Existenzgrundlage verlor und sich ab 1933 in alle Welt zerstreute.

In dem Zusammenhang ist der Artikel von Thiel für unser Vorhaben besonders aufschlussreich und dient der Veranschaulichung, da er durch die von ihm gelieferten Kurzbiografien der betroffenen Personen den vollzogenen Kulturbruch besonders anschaulich macht.[5]

Unterstützt wird diese Sichtweise durch einen Brief W. Dubislavs an O. Vogt vom Herbst 1933: »Im Namen des Vorstandes der Gesellschaft für wissenschaftliche Philosophie erlaube ich mir, mit nachstehender dringlicher Bitte an Sie heranzutreten: Die Herren Professoren Hans Reichenbach und Kurt Lewin, beide von der Universität Berlin, haben oder werden ihren Wohnsitz an ausländische Universitäten verlegen unter Annahme an sie ergangener Berufungen. Sie bleiben auswärtige Mitglieder des Vorstandes. Wir sind aber trotzdem genötigt, unseren Vorstand zu erweitern, und zwar durch hiesige Forscher. Ich bitte Sie deshalb, in den Vorstand unserer Gesellschaft einzutreten. Irgendwelche Verpflichtungen würden Ihnen daraus nicht erwachsen, unsere Arbeit würde aber nicht unwesentlich gefördert werden, wenn ein Forscher von Ihrem Ruf und Ihrer Stellung sich nicht nur als Mitglied zu unseren Zielen bekennt, sondern das auch für einen weiteren Personenkreis als Vorstandsmitglied täte. Zu Ihrer Orientierung bemerke ich noch Folgendes: Unsere Gesellschaft ist ein nicht eingetragener Verein. Irgendwelche Wahlen gibt es seit 1927 nicht. Der Vorstand, und zwar lediglich seine hiesigen Mitglieder, leiten die Gesellschaft. Alleiniger Zweck der Gesellschaft ist die Forderung wissenschaftlicher Philosophie, vornehmlich durch Pflege ihrer Beziehung zu den exakten Wissenschaften. Dem Vorstand gehören gegenwärtig an: hiesige Mitglieder: von Parseval, Herzberg und ich. Auswärtige Mit-

---

5 Christian Thiel, Folgen der Emigration deutscher und österreichischer Wissenschaftstheoretiker und Logiker zwischen 1933 und 1945: Vol. 7, S. 227–256 (1984).

glieder: Lewin und Reichenbach. Ehrenvorsitzender: Kraus. Nach dem Fortgang von Reichenbach führe ich den Vorsitz. Die Geschäftsführung liegt in den Händen von Herzberg und mir seit 1927.«[6]

---

[6] D. Hoffmann, S. 29/30 (1994).

Danksagung

Das hier vorgestellte Buch beruht auf meinen persönlichen, beruflichen und wissenschaftlichen Erfahrungen, die ich über einen Zeit-
raum von mehreren Jahrzehnten gesammelt habe. Während dieser
Zeit des Lernens kam es zu zahlreichen Begegnungen mit Personen
aus unterschiedlichen Ländern und Institutionen, die in diesem Werk
als Gesprächspartner, Co-Autoren, Mitarbeiter, Mentoren und Schüler Erwähnung finden und, deren Namen aufzuzählen, den verfügbaren Raum überschreiten würde. Ihnen allen bin ich für Anregungen,
Klarstellungen und vielfältige Hilfen zu großem Dank verpflichtet.

Stellvertretend für all jene seien die Mitwirkenden des seit mehr als
vierzig Jahren existierenden, später als »Donnerstagsrunde« genannten Gesprächskreises angeführt, die in wechselnder Besetzung und
Zeitdauer daran teilgenommen haben:

Deppert, Wolfgang; Dieulangard, Anne-Kathrin; Dittmer, Janke-
Jörn; Jongebloed, Hans-Carl; Kliegis, Ulrich; Köhnlein, Claus; Köther,
Katrin; Kralemann, Björn; Lattmann, Claas; Lohff, Brigitte; Munz,
Siegfried; Nordmann, Klaus-Jürgen; Rahnfeld, Michael; Schaefer,
Brigitte; Schaefer, Daniel; Schaefer, Martin; Schaefer, Tim; Thalheim,
Bernhard; Theobald, Werner; Wilder, Nikolaus; Zick, Günther

Mein ganz besonderer Dank gilt Frau Prof. em. Dr. rer. nat. Brigitte
Lohff, Institut für Ethik, Geschichte und Philosophie der Medizin der
Medizinischen Hochschule Hannover, die als Autorin, Co-Autorin,
Ideengeberin, Mitarbeiterin und langjährige Freundin schon in gemeinsamer Kieler Zeit seit mehr als vierzig Jahren durch ihre inhalts-
reichen, historisch fundierten Power-Point-Demonstrationen die Entwicklung und die Zielsetzungen des IIfTC anlässlich zahlreicher Symposien und vergleichbarer Anlässe befördert hat.

Kurzbiografien

Der Erst-Autor sowie die hier genannten Mitwirkenden gehörten von Anfang an zu dem Kernteam, das das IIfTC zu dem gemacht hat, wie wir es jetzt in Essay I und Essay II unseres Buches gemeinsam vorstellen.

Jochen Schaefer, geb. 1930; Studium der Medizin in Freiburg/Brsg. und Promotion 1955; anschließend Postdoc in Pathologie und Pharmakologie (FU Berlin); 1960–1962 Ausbildung in der sich entwickelnden Abteilung für Kardiologie, Johns Hopkins Hospital, Baltimore, unter Richard S. Ross; 1962 Assistenzzeit am I. Med. Universitätsklinikum Kiel zum Aufbau einer Abteilung für moderne Kardiologie; 1966 Habilitation; 1970 Professor und Leiter der Abteilung für Spezielle Kardiologie an der CAU; 1985 Ausscheiden aus dem Dienst des Landes Schleswig-Holstein; 1981–1996 Chefarzt der Rehabilitationskliniken Küppelsmühle, Bad Orb.

Wissenschaftliche Interessen: die Interdisziplinarität von Medizin und Philosophie.

Brigitte Lohff, geb. 1945, emeritierte Professorin für Geschichte der Medizin an der Medizinischen Hochschule Hannover.

Brigitte Schaefer, geb. 1944; Organisatorin der Arbeitstreffen und Symposien des IIfTC seit 1982.

Inhaltsverzeichnis

Essay I

Essay I beruht auf unserer Website iiftc.de, die sowohl in englischer als auch in deutscher Sprache verfasst ist. Brigitte Schaefer fertigte hierbei sämtliche Fotos an.

Einführung zur Dokumentation der IIfTC-Aktivitäten

Die nachfolgende Zusammenstellung ist eine Dokumentation der Aktivitäten des International Institute for Theoretical Cardiology (IIfTC)[7] seit April 1982, also einem Zeitpunkt, zu dem es als solches noch gar nicht existierte. Dennoch wählen wir dieses Datum als den Beginn unserer Unternehmung, weil das vom 12. bis 13. April 1982 stattfindende Treffen zu Fragen der »Kraft-Intervall-Beziehung« (FIR) des Herzens als »initiating symposium« für die dann im Jahre 1984 vollzogene Gründung des IIfTC[8] gelten darf.

Die Bad Orber Zusammenkunft hatte – neben der wissenschaftlichen Bedeutung, die sie für die Fortführung von Forschungen auf dem Gebiet der elektromechanischen Kopplung des Herzens, das uns seit vielen Jahren faszinierte, besaß – eine weitere Folge: Sie sollte Ausgangspunkt für einen kontinuierlichen, problemorientierten, interdisziplinären Gedankenaustausch zwischen Geistes- und Naturwissenschaftlern auf dem Gebiet der Wissenschaften des Herz-Kreislauf-Systems werden. Ein aus Sicht der vergangenen 25 Jahre durchaus erfolgreicher Versuch.

Für mich persönlich schien sich damit ein Forum zu verwirklichen, auf dem die Einheit der Wissenschaften im Zusammenhang ihrer Begriffsbildungen und Forschungsmethoden praktiziert werden konnte, ähnlich wie es auf der Frontseite der nach dem Krieg im Oktober 1947 zum ersten Mal erscheinenden Zeitschrift *Studium Generale*[9] zu lesen war.

Mit seiner Gründung wollte das IIfTC auch ein Zeichen gegen den seit einigen Jahrzehnten vorherrschenden »Zeitgeist« des »schnellen Erfolgs« setzen. Es sollte nicht nach dem unmittelbaren ökonomischen Nutzen oder einer praxisnahen Anwendung von Grundlagenforschung gefragt, sondern der nachhaltige interdisziplinäre, bereichernde Gedankenaustausch zu definierten Problemen gepflegt wer-

---

7   Umfangreiche Textteile aus der »Einführung zur Dokumentation der IIfTC Aktivitäten« wurden auch in anderen Publikationen wie Schaefer et al. (2011) und Lohff & Schaefer (2022) (BoD: https://ishort.ink/V87m) verwendet.

8   Internationales Institut für Theoretische Cardiologie (IIfTC) e. V., Kurklinik Küppelsmühle, 6482 Bad Orb. Eingetragen beim Amtsgericht Gelnhausen als gemeinnütziger Verein unter VR 602 am 05. Oktober 1984. – Verlegung des Vereins von Bad Orb nach Kiel, eingetragen beim Amtsgericht Kiel am 09. Februar 1999.

9   Die Zeitschrift Studium Generale erschien von 1947 (Jahrgang 1) bis 1971 (Jahrgang 24).

den. Die daraus resultierenden Anregungen führen ganz selbstverständlich zu einem vertieften Nachdenken, das dann auch in entsprechenden Veröffentlichungen seinen Niederschlag findet. Die unmittelbaren Zielsetzungen des IIfTC formulierten wir in einem *Letter to the Editors* in der Zeitschrift *Basic Research in Cardiology* 1987 in folgender Weise:[10]

> The aim of the institute is to create a forum for the examination of controversies in cardiology, with a special focus upon their philosophical and epistemological dimensions. In particular, we wonder whether certain controversies can be clarified by an evaluation of the axiomatic foundations, underlying the disputes, and not simply solved by the perfunctory acquisition of additional experimental results.

Die in den vorhergehenden Abschnitten geschilderten Dilemmata bezüglich der Einschätzung der diagnostischen und therapeutischen Implikationen der Koronararteriografie waren zum Ausgangspunkt der zentralen Frage geworden: Gibt es sicheres Wissen in der Medizin und damit auch in der Kardiologie und wie ist es beschaffen? Diese Frage blieb im Mittelpunkt aller vom IIfTC organisierten Symposien, Colloquien, Workshops und Arbeitstreffen und wurde im Rahmen der jeweiligen speziellen Themen immer wieder erneut gestellt.

Es hatte sich, wie zuvor gezeigt, erwiesen, dass bestimmte Fragestellungen nicht mehr im Rahmen der an einer Universität üblichen wissenschaftlichen Auseinandersetzungen geklärt oder auch nur diskutiert werden können. Inner- und außeruniversitäre wirtschaftliche, politische sowie standespolitische Zwänge und andere Einflussnahmen, unter anderem auch auf den Handlungsauftrag der Medizin selbst, beeinträchtigen bzw. verhindern dies.

Meine Suspendierung als hauptamtlicher Professor und Direktor der Abteilung für Spezielle Kardiologie mit dem damit verbundenen Hausverbot an der Universität Kiel und die mit dem Datum vom 10. Januar 1983 erfolgte Verurteilung[11] durch das Landgericht Köln bedeuteten einen Bruch in meinem beruflichen und akademischen Le-

---

[10] J. Schaefer, R. K. Lie, Th. Kenner, K. F. Schaffner, D. Burkhoff, K. Sagawa, D. T. Yue: A place for theoretical cardiology. Letter to the Editors. Basic Research in Cardiology 82: 317–318 (1987).

[11] Die Verurteilung erfolgte wegen des Straftatbestandes der Untreue und der Vorteilsnahme.

ben. In Anbetracht des Strafmaßes[12] hätte vielleicht die Möglichkeit bestanden – nach Klärung möglicher zivilrechtlicher Fragen –, wieder in die alte Position, wenn auch mit Einschränkungen, zurückzukehren. Ich zog es nach den gemachten Erfahrungen und in Anbetracht der Aussichten auf ein erfülltes ärztliches und wissenschaftliches Leben – auch außerhalb hauptamtlicher Verpflichtungen an der Universität – vor, auf eigenen Wunsch aus dem Landesdienst auszuscheiden.[13]

Insgesamt jedoch musste nach allen bürgerlichen Maßstäben mein »Fall« als ein Scheitern einer an sich »hoffnungsvoll begonnenen« Karriere gelten. Für mich persönlich jedoch bedeutete dies paradoxerweise eine Befreiung von den Zwängen eines im »Mainstream« gefangenen medizinisch-kardiologischen Denkkollektivs[14] und die Möglichkeit, ein wissenschaftliches und ärztliches Leben zu führen, wie ich es mir immer erträumt hatte.

Allerdings wäre dies und unser materielles Überleben unter den seinerzeit vorherrschenden Umständen nicht möglich gewesen, wenn nicht folgender Glücksumstand eingetreten wäre: das Angebot für eine Chefarztposition ab Mitte September 1981 in der Kurklinik Küppelsmühle in Bad Orb durch die Familie Freund.[15] Die mit dieser Position verbundenen Einkünfte sicherten mir – trotz der durch den Prozess verursachten bzw. mit ihm einhergehenden Kosten – recht schnell eine nicht unerhebliche finanzielle Unabhängigkeit. Dadurch war ich in der Lage, wesentliche Anteile meines Einkommens für die Aktivitäten des IIfTC zu spenden und damit die anfallenden Kosten für Reisen, Unterbringung, Konferenzausstattung, Bandaufzeichnungen und nachfolgende schriftliche Übertragungen und diverse andere Sachen zu decken. Hinzu kamen großzügige Zuwendungen meines Arbeitge-

---

[12] Zur Ahndung des Straftatbestands wurde eine Freiheitsstrafe von acht Monaten zur Bewährung verhängt, wegen der Vorteilsnahme eine Geldstrafe von 27.000 DM.

[13] Wortlaut der Entlassungsurkunde: »Im Namen des Landes Schleswig-Holstein entlasse ich Herrn Professor Dr. Jochen Schaefer mit Ablauf des Monats Juni 1985 auf sein Verlangen. – Kiel, den 25. Juni 1985. Der Kultusminister P. Bendixen.«

[14] Ludwik Fleck: Entstehung und Entwicklung einer wissenschaftlichen Tatsache. Einführung in die Lehre vom Denkstil und Denkkollektiv, 3. Aufl., Frankfurt 1994.

[15] Die Kurklinik Küppelsmühle (jetzt Reha-Kliniken Küppelsmühle) ist eine seit über 100 Jahren bestehende Kureinrichtung im Besitz der Familie Freund. Anlässlich der Jubiläumsfeier »100 Jahre erstes Badehaus auf der Küppelsmühle« am 08. Juli 1994 wurde die moderne Konzeption der Reha-Kliniken Küppelsmühle als ein gemeinsames Arbeitspapier, an dem ich mitgewirkt habe, vorgestellt.

bers, meiner Familie und zahlreicher Patienten, die sich von dem Konzept, das dem Institut zugrunde lag, überzeugen ließen.

So war es möglich, international angesehene Natur- und Geisteswissenschaftler sowie klinisch und überwiegend experimentell tätige Kardiologen zu Vorträgen und Arbeitsbesuchen einzuladen und/oder selbst zu besuchen. Besonderen Wert legten wir dabei auch darauf, dass junge Forscher mit älteren Wissenschaftlern in einen ungezwungenen Gedankenaustausch treten konnten und sich Kontakt- und Gesprächsmöglichkeiten in einer Atmosphäre ergaben, die ohne die Aktivität eines IIfTC so nicht möglich gewesen wären. Es bewährte sich sehr, die Symposien, die selten mehr als 20 Personen umfassten, an unterschiedlichen Orten in diversen Ländern auszurichten. Lokale Gastgeber waren mit der Organisation dieser Treffen betraut. Sie verstanden es ausnahmslos, und dafür bin ich ihnen bis heute sehr dankbar, mit großem Einsatz und Hingabe die Besonderheiten des akademischen Ambiente, in dem sie tätig waren, den Besuchern und ihren Gästen zu vermitteln und lebendig werden zu lassen. Die Themenstellungen der jeweiligen Konferenzen und die damit verbundenen Einladungen wurden sorgfältig vorbereitet und die Referenten auf den besonderen interdisziplinären Charakter unserer Symposien vorbereitet. Alle diese Veranstaltungen und Anstrengungen wären ohne den Einsatz der am Ende dieser Einführung genannten Freunde nicht möglich gewesen.

Die Großzügigkeit meiner Arbeitgeber, insbesondere von Ulrich Freund, machte es möglich, mich zeitweise trotz großer personeller Engpässe freizustellen und damit in die Lage zu versetzen, die langjährigen freundschaftlichen Verbindungen zur kardiologischen Abteilung der Johns-Hopkins-Universität und dem Department of Biomedical Engineering zu nützen und zu stärken. So reisten wir – gelegentlich bis zu viermal im Jahr – zu einwöchigen Arbeits- oder Konferenzaufenthalten nach Baltimore. Manchmal fuhren wir direkt vom Flughafen Baltimore Friendship-International ins Labor, um mit Dan Burkhoff, David Yue, Michael Franz sowie Kiichi Sagawa und seinen Mitarbeitern oder mit Myron L. Weisfeldt an experimentellen Untersuchungen teilzunehmen und an der Abfassung von wissenschaftlichen Publikationen mitzuwirken. Dabei ergab es sich als ganz natürlich, manche seit 1960 bestehenden freundschaftlichen Beziehungen aufzufrischen. Vergleichbare Arbeits- und Konferenzbesuche führten uns nach Halifax, Dartmouth (England), Graz, Kiel, London, Groningen. Die in unserer Dokumentation enthaltenen Fotos bezeugen die Erfüllung dieses Traumes von gelebter Interdisziplinarität.

Meine eigentliche ärztliche Tätigkeit in der Küppelsmühle bestand in der Versorgung von insgesamt ca. 110 Patienten, damals noch Kurgäste genannt, die in drei sehr unterschiedlichen und dadurch mit einem besonderen Reiz versehenen Häusern auf dem parkähnlichen Gelände, das von einem Bach, einem Zufluss zur Orb, durchflossen wird, untergebracht waren. Im »Annenhof«, der unter meinem Vorgänger Dr. Heinrich Freund einen hervorragenden Ruf genoss, waren bis zu 35 Privatpatienten untergebracht, im »Mühlenhof« und im »Birkenhaus« überwiegend Patienten der AOK und der LVA Hessen und Westfalen. Meine unmittelbaren Aufgaben lagen in der Modernisierung nicht-invasiver kardiologischer Diagnostik und in dem Sich-vertraut-Machen mit den Möglichkeiten balneologisch-physikalischer ganzheitlich ausgerichteter Therapieverfahren. Außerdem war der allmähliche Wandel von einem Kurkonzept in ein Reha-Konzept zu organisieren.[16]

Mich faszinierte der – gegenüber dem an den Universitätskliniken praktizierten recht eindimensionalen »Schulmedizinertum« – auf den ganzen Menschen bezogene Heil- und Betreuungsansatz. Zahlreiche prominente ältere Kollegen wie Professor Dr. H. E. Bock, Th. Ockenga, E. Witzleb oder G. Hildebrandt bejahten diese holistische Sicht. Auch überraschte mich die Vielzahl möglicher alternativer Therapie- und Diagnose-Angebote und deren gesprächs- oder psychoanalytische Begleitung. Viele ärztliche Kollegen, die ich dort kennenlernte, waren dem hippokratischen »Nicht zu schaden« ernsthaft verpflichtet. In einer solchen Umgebung gewannen natürlich nicht-invasive diagnostische und therapeutische Verfahren eine große Bedeutung. Die Erkenntnis, dass die Problematik des erkrankten Menschen auch den geisteswissenschaftlichen Denkkategorien zuzuordnen ist, wie es H. Schipperges[17] ausdrückte, wurde immer zwingender. Die Rolle der körpereigenen Selbstheilungskräfte, mit der wir uns später auf molekulargenetischer Ebene auseinandersetzten,[18] und deren Unterstüt-

---

[16]   Siehe neben Anm. 8 auch mslife: https://ishort.ink/RHmU (vorbehaltlich Erlaubnis).
[17]   Schipperges, H. Konzept einer Theoretischen Pathologie 1997.
[18]   J. Schaefer et al. (1996), B. Lohff et al. (1996).

zung standen im Vordergrund – und damit auch das interessante Gesamtkonzept der Salutogenese.[19]

In jüngster Zeit haben wir versucht, nach meiner mit dem 31. Dezember 1996 erfolgten Pensionierung als Chefarzt der Reha-Kliniken Küppelsmühle, uns weiteren Problemstellungen zuzuwenden. Die dafür erforderliche Satzungsänderung des IIfTC erfolgte 1999. Neben ökologischen Gesichtspunkten rückten Fragen der nicht-linearen Dynamik komplexer Systeme und der Chronobiologie sowie des Komplementaritätsprinzips in den Vordergrund. Dr. phil. Björn Kralemann, seit vielen Jahren in unserem Arbeitskreis, widmet sich in Zusammenarbeit mit den Instituten für Theoretische Physik der Universität Potsdam, Nonlinear Dynamics Group (Professor Dr. A. Pikovsky und PD Dr. Michael Rosenblum), dem Joanneum Research Institut für Nichtinvasive Diagnostik, Weiz (Prof. Dr. Maximilian Moser) sowie dem Physiologischen Institut der Universität Graz (Prof. em. Dr. med. Dr. h. c. mult. Thomas Kenner) und dem Lehrstuhl für Berufs- und Wirtschaftspädagogik (Professor Dr. H.-C. Jongebloed) der Christian-Albrechts-Universität zu Kiel diesen Problemen. Unser Gedankenaustausch wird im Rahmen monatlicher Arbeitstreffen mit variierenden Themen durch die Mitwirkung von Professor Dr. W. Deppert, Philosophie und Physik, CAU Kiel, Prof. Dr. Bernhard Thalheim, Lehrstuhl für Datenbanken und Informationssysteme der CAU Kiel, Dr. phil. Claas Lattmann, Institut für Klassische Altertumskunde der Christian-

---

[19] Das Wort Salutogenese bedeutet svw. »*Entstehung (Genese) von Gesundheit*«. Der Ausdruck wurde von dem israelisch-amerikanischen Medizinsoziologen Aaron Antonovsky (1923–1994) in den 1970er-Jahren als Gegenbegriff zu *Pathogenese* geprägt. Nach dem Salutogenese-Modell ist Gesundheit kein Zustand, sondern muss als Prozess verstanden werden. Aaron Antonovsky wertete 1970 eine Erhebung über die *Adaptation* von Frauen verschiedener ethnischer Gruppen an die *Menopause* aus. Eine Gruppe war 1939 zwischen 16 und 25 Jahre alt gewesen und hatte sich zu dieser Zeit in einem nationalsozialistischen Konzentrationslager befunden. Ihre emotionale Befindlichkeit wurde mit der einer Kontrollgruppe verglichen. Der Anteil der in ihrer Gesundheit nicht beeinträchtigten Frauen betrug in der Kontrollgruppe 51 %, im Vergleich zu 29 % der KZ-Überlebenden. Nicht der Unterschied an sich, sondern die Tatsache, dass in der Gruppe der KZ-Überlebenden 29 % der Frauen trotz der unvorstellbaren Qualen eines Lagerlebens mit anschließendem Flüchtlingsdasein als (körperlich und psychisch) ›gesund‹ beurteilt wurden, war für ihn ein unerwartetes Ergebnis. Diese Beobachtung führte ihn zu der Frage, welche Eigenschaften und Ressourcen diesen Menschen geholfen hatten, unter den Bedingungen der KZ-Haft sowie in den Jahren danach ihre (körperliche und psychische) Gesundheit zu erhalten. So schuf Antonovsky (im Gegensatz zum Pathogenesekonzept der traditionellen Medizin) das Konzept der ›Salutogenese‹ – der Entstehung von Gesundheit (Wikipedia, Art. »Salutogenese«: http://de.wikipedia.org/wiki/Salutogenese [Zugriff: 02. März 2009]).

Albrechts-Universität zu Kiel, Dr. med. Klaus-Jürgen Nordmann und den Theologen und Schauspieler Siegfried Munz ergänzt und vertieft.

Die langfristigen Aussichten für den Erhalt unseres Instituts sind, von den zur Verfügung stehenden finanziellen Mitteln einmal abgesehen, als nicht zu rosig einzuschätzen. Die Voraussetzungen für die Fortführung unserer Aktivitäten ähneln denjenigen, die für die Existenz der in der bürgerlichen Gesellschaft sehr beliebten schon im 18. Jahrhundert gegründeten literarischen Salons,[20] »Gesellschaften«[21] oder »Klubs oder Runden«[22] galten oder bestehen.[23] Ihre »Lebensdauer« ist sehr begrenzt und hängt sowohl vom Zeitgeist als auch von der Natur und dem Charakter der an einem solchen Projekt interessierten Persönlichkeiten ab. Interdisziplinär ausgerichtetes Denken beruht wohl auch auf einer sehr subjektiv geprägten Bereitschaft und Fähigkeit, sich in die anderen hineinzudenken und von anderen auch nachhaltig lernen und Anregungen aufnehmen zu wollen. Ein »Sich-zur-Schau-Stellen« oder Profilierungsabsichten haben hier keinen Platz. Interdisziplinarität lässt sich nicht verordnen oder erzwingen. Sie

---

[20] Siehe Wikipedia, Art. »Literarischer Salon« (https://t1p.de/mymcc [Zugriff: 02. März 2009]).

[21] Siehe Wikipedia, Art.: »Berliner Mittwochsgesellschaft« (https://t1p.de/4vvjn [Zugriff: 02. März 2009]).

[22] Siehe Wikipedia, Art.: »Montagsclub« (https://t1p.de/3ws3c [Zugriff: 02. März 2009]).

[23] Der Berliner Soziologe Nicolaus Sombart über Salons, Orgien und die Emanzipation von Mann und Frau: »Wenn ich in meinen Büchern von den berühmten Salons der Vergangenheit in Berlin und Paris erzähle, wenn ich selber dazu einlade, dann nur deswegen, weil ich daran glaube, dass diese Formen der Geselligkeit wieder auftauchen werden. Das ist kein nostalgisches Spielchen, sondern die Suche nach Lebensformen der Zukunft« (https://t1p.de/rfywm. [Zugriff: 02. März 2009]). »Er (Sombart) war ein Berliner, in dem ein französisches Herz schlug. Der Kultursoziologe und Schriftsteller Nicolaus Sombart, 1923 als Sohn des berühmten Nationalökonomen Werner Sombart zur Welt gekommen, ist gestern (04.07.08) im Alter von 85 Jahren bei Straßburg gestorben. 30 Jahre lang lebte er als Beamter des Europarats in Straßburg. Anfang der Achtzigerjahre kehrte er als Fellow des Wissenschaftskollegs in seine Geburtsstadt zurück und blieb. Von jener Zeit und seinem – auch erotischen – ›vie expérimentale‹ berichtete er später in seinem ›Journal intime 1982/83‹. Sombart, der zu den Gründungsmitgliedern der Gruppe 47 gehörte, hatte sich als Erzähler und Essayist von jungen Jahren an einen Namen gemacht. Sein Ruhm und sein wahres Leben als Schriftsteller begannen aber erst 1983, als er den ersten Teil seiner Autobiografie ›Jugend in Berlin 1933–43‹ veröffentlichte. Seine Erinnerungen zählen zum Besten, was er geschrieben hat, und enthalten lebendige Porträts seiner Lehrer und Mentoren Alfred Weber, Karl Jaspers und Carl Schmitt, von dem er sich schließlich distanziert hat. Berühmt waren auch Sombarts allsonntägliche Salons in der Wilmersdorfer Ludwig-Kirch-Straße« (https://t1p.de/zgczs [Zugriff: 02. März 2009]).

muss aus dem gegenseitigen persönlichen Respekt erwachsen. Der inflationäre Gebrauch des Wortes »Interdisziplinarität«, z. B. für die tägliche Zusammenarbeit eines Chirurgen mit einem Anästhesisten, täuscht daher einen Tatbestand vor, der dem Inhalt und der Bedeutung des Wortes nicht gerecht wird. Das Schicksal der mit der Heidelberger Akademie der Wissenschaften verbundenen und von W. Doerr, V. Becker und K. Goerttler gegründeten Sektion »Theoretische Pathologie«[24] ist dafür ein nachdenkenswertes kürzliches Beispiel. –

Namensliste der Persönlichkeiten, die, überwiegend ab 1982, aber auch schon davor an den Fragen einer theoretischen Fundierung der Kardiologie und den damit erforderlichen interdisziplinären Bemühungen auch in Zusammenarbeit mit Geisteswissenschaftlern, interessiert waren und im Sinne einer theoretischen Kardiologie mitwirkten und mitdachten (ein »S« bezeichnet, dass diese Personen an der Ausrichtung eines IIfTC-Symposions maßgeblich beteiligt waren):

Burkhoff, Daniel, ab 1982, durchgehend

Deppert, Wolfgang, ab 1985 durchgehend

Drake-Holland, Angela, ab 1979 durchgehend (S)

Franz, Michael, ab 1978 durchgehend (S)

Freund, Ulrich (S)

Jongebloed, Hans-Carl, ab 2005 durchgehend

Kralemann, Björn ab 1996 durchgehend (S)

Kenner, Thomas, ab 1975 durchgehend (S)

Köther, Katrin, ab 1999 durchgehend, seit 2007 sporadisch (S)

Lattmann, Claas, ab 1998 durchgehend (S)

Lie, Reidar K., ab 1982 durchgehend (S)

---

24 Professor Dr. Volker Becker, Sekretär der Kommission Theoretische Pathologie der Heidelberger Akademie der Wissenschaften, sandte mir im November 2008 ein Schreiben, das er nach dem Tode von Professor Dr. Hans Schaefer an die Kommissionsmitglieder geschickt hatte: »Unsere Kommission hat lange geschwiegen. Durch den Tod unseres Senior Professor Dr. med. Dr. Hans Schaefer (1906–2000) [s. Wikipedia, Art. »Hans Schaefer (Mediziner)« (http://de.wikipedia.org/wiki/Hans_Schaefer (Mediziner) [Zugriff: 09. März 2009]) ist eine entscheidende Lücke entstanden. Es ist nicht gelungen, weitere, vor allem jüngere Wissenschaftler für den Gedanken der theoretischen Pathologie, für die Grundgedankenforschung, zu gewinnen. Bei dieser Lage muss erwogen werden, ob die Kommission Theoretische Pathologie noch länger am Leben erhalten werden soll. Ich sage das mit Wehmut, weil ich mir bewusst bin, dass mit der Auflösung unserer Kommission der Gedanke der ›theoretischen Pathologie‹ auf lange Zeit, vielleicht auf immer die organisatorische Plattform verliert.

Lohff, Brigitte, ab 1985 durchgehend (S)

Lüllmann, Heinz, ab 1964

Munz, Siegfried ab 1975, erst sporadisch, ab 1981 häufiger, ab 2005 durchgehend

Neitzke, Gerald, ab 1987 bis 1995

Nierhaus, Knud, ab 1993 durchgehend (S)

Noble, M. I. M., ab 1979 durchgehend (S)

Nordmann, Klaus-Jürgen, ab 1967, verstärkt erneut ab 1991 bis 2009

Peters, Thies, ab 1966, verstärkt ab 1993 bis 1996

Pikovsky, Arkady, ab 2003 durchgehend

Reichel, Hans, ab 1965 bis 1995)

Rosenblum, Michael, ab 2003 durchgehend

Ross, Richard S., ab 1960 durchgehend

Rumberger, Ekkehard, ab 1965 bis 1982, danach sporadisch

Sadegh-Zadeh, Kazem, ab 1977 bis 1986 durchgehend, danach sporadisch

Sagawa, Kiichi, ab 1978 bis 1988 durchgehend

Schaffner, Kenneth, zwischen 1984 bis 1995 durchgehend, dann eher sporadisch

Seed, W. A., ab 1979 bis 1991 durchgehend, danach sporadisch (S)

Suga, Hiro, ab 1985 bis 1995 durchgehend

Sunagawa, Kenji, ab 1982 sporadisch

Thalheim, Bernhard, ab 2006 durchgehend

Vos, Rein, ab 1982 durchgehend (S)

Weisfeldt, Myron L., ab 1975 durchgehend

Witzleb, Erich, ab 1970 bis 1991

Yue, David T., ab 1982 durchgehend

Dabei hat die Kommission Theoretische Pathologie mit ihren Symposien und ihren 33 Publikationen (›Blaue Bücher‹) etwas geleistet, was ihre Daseinsberechtigung bewiesen hat. Diese Arbeit hat gezeigt, dass das dauerhafte Problem theoretische Pathologie nicht erledigt ist, vielmehr durch die Fülle der neuen – molekularbiologischen und molekularpathologischen – Detailbefunde mit dem Drang nach einem grundlegenden Konzept nötiger ist als je zuvor.

Zielsetzung des Internationalen Instituts für Theoretische Cardiologie e. V. (IIfTC)

The aim of the institute was and is to create a forum for the examination of controversies in cardiology and related fields of science.

History

The International Institute for Theoretical Cardiology (IIfTC) was founded in Bad Orb, Germany, on June 3, 1984. The legal requirements to fulfil the exemption status according to German law were obtained. The founding members were Daniel Burkhoff, Baltimore; Michael Franz, Baltimore; Ulrich Freund, Bad Orb; Thomas Kenner, Graz; Kazem Sadegh-Zadeh, Münster; Jochen Schaefer, Bad Orb; David Yue, Baltimore.

The foundation of the International Institute for Theoretical Cardiology (IIfTC) in 1984 was preceded, actually triggered by a symposium on »The Interval-Force-Relationship in the Heart« that took place at the Kurklinik Küppelsmühle in Bad Orb in April (April 12–15, 1982). Especially for the young scientists and students (Daniel Burkhoff and David T. Yue) attending for the first time a conference where it was possible to freely discuss controversial aspects in science without any constraints in time this meeting served as a kind of initiating stimulus to create a permanent forum for such an exchange of ideas.

The aim of the institute was and is to create a forum for the examination of controversies in cardiology, with a special focus upon their philosophical and epistemological dimensions. In particular, we are interested in the question whether certain controversies in medicine, particular cardiology, can be clarified by an evaluation of the axiomatic foundations underlying the disputes, and not simply solved by the perfunctory acquisition of additional experimental and clinical results.

Since its foundation, the IIfTC has organized several international symposia, workshops and colloquia, published various contributions in international journals and books and completed the translation of important scientific contributions from the German physiological and cardiological literature into English.

Symposia

Das Institut hat in seiner Geschichte folgende Symposien veranstaltet:

- Initiating Symposium leading to the foundation of the IIfTC (12.–15.04.1982, Bad Orb): »The interval-force relationship in the heart« (Local organizer: Jochen Schaefer)
- First Symposium (21.–22.06.1986, Bad Orb): »The Ischemic Myocardium. Definitions, Measurements and Pathophysiology« (Local organizer: Jochen Schaefer). A summary of the symposium was published as a letter to the editors of the journal Basic Research in Cardiology (Schaefer, J., Lie, R. K., Kenner, Th., Franz, M., Schaffner, K. F., Burkhoff, D., Sagawa, K., Yue, D. T. A place for theoretical cardiology. Basic Research Cardiology (1987) 82: 317–318).
- Second Symposium at the Falk Cardiovascular Research Center, Stanford University School of Medicine, Stanford (21.11.1987, Palo Alto, Stanford, California): »The Action Potential and the Electrocardiogram. Theories, Controversies, and New Approaches« (Local organizer: Michael R. Franz)
- Third Symposium at the East Carolina University School of Medicine (19.–20.11.1988, Greenville, East Carolina): »The Methodology of Clinical Hypothesis Testing: Theoretical Foundations and Practical Clinical Problems« (Local organizer: Reidar K. Lie)
- Fourth Symposium in Bad Orb (22.–24.09.1989, Bad Orb): »On the Fundamental Possibilities of a Cooperation Between Philosophy and Science under Special Consideration of Medicine and Cardiology« (Local organizer: Jochen Schaefer). The proceedings of this meeting have been published as a book: »Wissenschaftstheorien in der Medizin – ein Symposium«, edited by W. Deppert, H. Kliemt, B. Lohff, J. Schaefer, de Gruyter, Berlin–New York, 1992.
- Fifth Symposium at the Karl-Franzens-Universität Graz, Austria (14.–16.09.1990, Graz): »Myocardial Optimization and Efficiency and its Evolutionary Aspects« (Local host: Thomas Kenner). The proceedings of this meeting were published as: »Myocardial Optimization and Efficiency, evolutionary Aspects and Philosophy of Science Considerations«, edited by D. Burkhoff, J. Schaefer, K. Schaffner, D. T. Yue, Darmstadt, 1994.

- Sixth Symposium at the Royal Pharmaceutical Society of Great Britain, London (20.–21.09.1991, London): »The Modern Clinical Trial: Is it compatible with Common Sense?« (Hosted and organized by Angela Drake-Holland und Mark Noble)
- Seventh Symposium at the University of Groningen (17.–18.06.1994, Groningen, Netherlands): »Foundational Issues in Molecular Cardiology. New Avenues at the Interface of Molecular Biology and Cardiology« (Local organizer: Rein Vos)
- Eighth Symposium at the University of Hannover (6.–8.10.1995, Hannover): »Molekulargenetik, Selbstheilungskräfte und Naturheilkunde. Versuch einer Synthese« [»Molecular Genetics, Self-Healing Forces and Naturotherapy. An Attempt of a Synthesis«] (Local organizer: Brigitte Lohff)
- Ninth Symposium at the Max-Planck-Institute for Molecular Genetics, Part I (24.05.1996, Berlin-Dahlem): »The AIDS Controversy« (Local organizer: Knud Nierhaus)
- Ninth Symposium at the Max-Planck-Institute for Molecular Genetics, Part II (22.12.1996, Berlin-Dahlem): »The AIDS Controversy« (Local organizer: Knud Nierhaus)
- Tenth Symposium at the Ökologie-Zentrum Kiel (ÖZK) of the Christian-Albrechts-Universität of Kiel (23.–24.03.2000, Kiel): »Wissenschaftstheoretische Überlegungen zu den philosophischen Grundlagen aktueller Forschungsprogramme in den Biowissenschaften« (Local organizers: Wolfgang Deppert, Björn Kralemann, Katrin Köther, Claas Lattmann, Michael Rahnfeld, Jochen Schaefer)
- Eleventh Symposium in Kiel (3.–5. Juli 2003, Kiel): »Synchronisation: Ihre Strukturen und Funktionen« [»Synchronization: Its Structures and Functions«] (Local organizers: Wolfgang Deppert, Katrin Köther, Björn Kralemann, Claas Lattmann, Jochen Schaefer)
- Twelfth Symposium in Kiel (19.–20.08.2005, Kiel): »Krankheit und Gesundheit dynamischer Systeme am Beispiel des Menschen, der Wirtschaft und des Ökosystems« [»Illness and Health of Dynamic Systems: Human Beings, the Economy and the Ecosystem«] (Local organizers: Wolfgang Deppert, Katrin Köther, Björn Kralemann, Claas Lattmann, Jochen Schaefer)

The interval-force relationship in the heart (Initiating Symposium leading to the foundation of the IIfTC: 12.–15.04.1982, Bad Orb)

The aim of the symposium was to discuss firstly) the various scientific and clinical developments in the field of interval-force relationship that have taken place since our last gathering at the Mellingburger Schleuse in Hamburg, January 1978, and secondly) the present state of the art for using the interval-force relationship as an investigative tool in the study of myocardial disease.

Program

Scientific Program

M. I. M. Noble, W. A. Seed: Recirculation fraction of calcium and its usefulness in the investigation of myocardial disease

M. I. M. Noble, W. A. Seed: Comments on the processes through which electrical and mechanical restitution might occur

H. Lüllmann: Essential role of plasmalemma for calcium metabolism in heart muscle

U. Ravens: Species differences in adaptation of cardiac action potential and force of contraction after a sudden change in frequency of stimulation

Th. Kenner, K. P. Pfeiffer: Time series analysis as a means to study the interval-force relationship in the human heart and in isolated heart muscle

K. Sagawa, K. Sunagawa: Effects of changes in heart rate on the end-systolic pressure volume relationship

K. Sunagawa, K. Sagawa: Effects of heart rate changes on the ventriculoarterial system coupling

F. Yin: Effect of pacing site on myocardial contractility in humans

M. Franz: Significance of the diastolic interval for electrical and mechanical restitution in the human heart

D. Burkhoff, M. Franz, D. Yue: Recirculation fraction in isolated perfused canine ventricle. Its relation to action potential, hemodynamics and inotropic interventions

General Program

Monday, April 12, 1982

19.00 Uhr	We would like to welcome you at the Kurklinik Küppelsmühle and to offer you a light meal and refreshments after your long journey. Location: Mühlenhof, Hall (someone will be there to guide you)

Tuesday, April 13, 1982

08.00–09.00 Uhr	Breakfast. Location: Mühlenhof, Hall
09.00–10.30 Uhr	Begin of the colloquium. Location: Gym Hall (Gymnastikhalle)
10.30–11.00 Uhr	If convenient coffee or tea break
11.00–13.00 Uhr	Resumption of the meeting
13.00–15.00 Uhr	Luncheon, »siesta«, coffee break. Luncheon: Kleiner Saal
15.00–17.00 Uhr	Resumption of the colloquium
17.00–17.30 Uhr	If convenient coffee or tea break
17.30–19.30 Uhr	Resumption of the colloquium
19.30–20.00 Uhr	Walk (ride) to the restaurant »Alt Orb« in Bad Orb. Reception by the Kurverwaltung Bad Orb
20.00 Uhr	Dinner

Wednesday, April 14, 1982

08.00–09.00 Uhr	Breakfast. Location: Mühlenhof, Hall
09.00–10.30 Uhr	Continuation of the colloquium. Location: Gym Hall (Gymnastikhalle)
10.30–11.00 Uhr	If convenient coffee or tea break
11.00–13.00 Uhr	Resumption of the meeting
13.00–14.30 Uhr	Luncheon, »siesta«, coffee break. Luncheon: Kleiner Saal
14.30–16.00 Uhr	Resumption of the colloquium
16.00–16.30 Uhr	If convenient coffee or tea break
16.30–18.00 Uhr	Continuation and conclusion of the meeting
18.00–19.00 Uhr	Recess
19.00–20.00 Uhr	Dinner. Location: Kleiner Saal

20.00–22.00 Uhr   Lecture: Prof. Dr. Th. Kenner: Quasi-philosoph-
                   ical comments on the Situation of Modern
                   Medicine.
                   Location: Gym Hall (Gymnastikhalle)
22.00 Uhr   Late hour light meal

Thursday, April 15, 1982

08.00–09.00 Uhr   Breakfast. Location: Mühlenhof, Hall.
                   Eventually resumption of the very, very last
                   conclusions Farewell, departure

Participants

D. Burkhoff, Department of Biomedical Engineering School of Medicine, The Johns Hopkins University, Baltimore, Maryland

M. Franz, Division of Cardiology, Department of Medicine, The Johns Hopkins Medical Institutions, The Johns Hopkins Hospital, Baltimore, Maryland

M. Johannson, Institut für Pharmakologie, Christian-Albrechts-Universität Kiel, Kiel

Th. Kenner, Physiologisches Institut, Universität Graz, Graz

H. Lüllmann, Institut für Pharmakologie, Christian-Albrechts-Universität Kiel, Kiel

F. Mitchelson, Institut für Pharmakologie, Christian-Albrechts-Universität Kiel, Kiel

M. I. M. Noble, The Midhurst Medical Research Institute, Midhurst West Sussex, England

K. P. Pfeiffer, Physiologisches Institut, Universität Graz, Graz

U. Ravens, Institut für Pharmakologie, Christian-Albrechts-Universität Kiel, Kiel

K. Sagawa, Department of Biomedical Engineering, School of Medicine, The Johns Hopkins University, Baltimore, Maryland

J. Schaefer, Kurklinik Küppelsmühle, Bad Orb, Christian-Albrechts-Universität Kiel, Kiel

M. Schöttler, Abteilung für Spezielle Kardiologie, Christian-Albrechts-Universität Kiel, Kiel

W.A. Seed, Department of Medicine, Charing Cross Hospital (Fulham), London

K. Sunagawa, Department of Biomedical Engineering, School of Medicine, The Johns Hopkins University, Baltimore, Maryland

F. Yin, Division of Cardiology, Department of Medicine, The Johns Hopkins Medical Institutions, The Johns Hopkins Hospital, Baltimore, Maryland

D. Yue, Department of Biomedical Engineering, School of Medicine, The Johns Hopkins University, Baltimore, Maryland

A. Ziegler, Institut für Pharmakologie, Christian-Albrechts-Universität Kiel, Kiel

M. Johannson (verdeckt); F. Yin; M. I. M. Noble; A. Ziegler

Vorne: F. Yin; U. Ravens; H. Lüllmann; M. I. M. Noble;
hinten: U. Freund; W. A. Seed; M. Franz

D. Burkhoff; K. Sagawa; A. Ziegler; M. Franz (stehend); K. P. Pfeiffer;
Th. Kenner (stehend); M. Schöttler

K. Sagawa; J. Schaefer; M. Franz; D. Yue

*F. Mitchelson (?); D. Burkhoff; D. Yue; K. Sagawa (vorne);
K. Sunagawa (hinten)*

*Vorne: M. I. M. Noble; M. Johannson; Th. Kenner; K. Sunagawa;
J. Schaefer
hinten: U. Freund; B. Schaefer*

K. P. Pfeiffer; M. Schöttler

The Ischemic Myocardium. Definitions, Measurements, and Pathophysiology
(I. Symposium: 21.–22.06.1986, Bad Orb)

The opening symposium of this institute was devoted to the theme: »The Ischemic Myocardium: Definitions, Measurements, and Pathophysiology«. The emphasis of this meeting was an analysis of the assumed conceptual framework within which the reported observations were interpreted.

Questions arose early as to the very definition of ischemia. Some researchers felt that a state of ischemia occurs as soon as blood flow becomes insufficient to sustain normal contractile function. Other researchers advocated a different definition of ischemia that accounts for the phenomenon of »down-regulation«. Down-regulation is a reduction in myocardial function caused by partial restriction of coronary blood flow, such that the reduction in function is sufficient to prevent any »damage« to the myocardium as a result of the reduced flow. Thus, the alternate definition considers ischemia to be a state in which blood supply is insufficient to meet the oxygen requirements of the myocardium at its reduced level of contractile function. In this sense, the down-regulated myocardium is not ischemic. Accordingly, an obviously ischemic myocardium by the former definition may not be ischemic at all by the latter definition.

Is it at all necessary to have a unifying definition of ischemia, or is it enough to have several working definitions that would satisfy the temporary needs of scientists doing their experimental research? Some of the participants felt that mutually exclusive working definitions of the same concept were unproblematic, so long as everyone was aware of the explicit definition in use. From an epistemological point of view, then, crucially important questions were: (1) how the definitions interrelate, (2) how appropriately they classify the experimental phenomena being studied, and (3) how fruitful the definitions are for pointing up future studies.

Scientific and general program

Scientific program

Welcome and Introduction: Jochen Schaefer and Thomas Kenner

Is there a role for epistemology and philosophy of medicine in cardiovascular research? Session I: Myocardial Ischemia – definitions, models and methods (Chairman: Kiichi Sagawa)

Kiichi Sagawa: Defining coronary ischemia: Skinning an onion?

Derek Yellon: Evolving Myocardial Infarction: Animal Models, Experimental Methods and Pharmacological Manipulations

Tetsuji Miura: The determinants of Myocardial Infarct Size James M. Downey: Free Radicals and Ischemia

John Kingma: Infarct Size Limitation: Is there A Role for Combination Therapy?

Keith A. Reimer: Myocardial Ischemia, Reperfusion, and ›Reperfusion Injury‹

Charles E. Murry: Altering the Myocardial Response to Ischemic Injury by Ischemic Preconditioning

Session II: »Metacardiology« – analysis of approaches to studying the ischemic myocardium (Chairman: Jochen Schaefer)

Kenneth Schaffner: Relations between »Risk Factors« and »Pathogenetic Mechanisms« of the Ischemic Myocardium: Two Types of Causation

Reidar K. Lie: Experimental evidence and theory confirmation – an analysis of the ›borderzone‹ controversy

Hermann Eichstädt: Role of »high technology equipment« in cardiological diagnosis: dictated by industrial interests or clinical needs?

Thomas Kenner: Importance and application of modelling in cardiovascular research

Session III: Pathophysiology (Chairman: Thomas Kenner) Thies Peters: Potassium in hypoxia and ischemia

Kiichi Sagawa: The energetics of ventricular contraction (Suga's PVA concept)

Dan Burkhoff and David Yue: The concept of downregulation and its experimental foundations

Max J. Lab and S. Dilly: Mechanoelastic oscillation in ischaemic myocardium

S. Dilly and Max J. Lab: Electrophysiological alternans modelled as a harmonic in ischaemic myocardium

Michael R. Franz: Monophasic action potential measurements as an indicator of myocardial ischemia

Final Discussions and Conclusions (Chairmen: Thomas Kenner and Jochen Schaefer)

General program

Friday, June 20, 1986: Arrival and Welcome

20.00 Uhr	Reception at the Kurklinik Küppelsmühle, Fireplace Room

Saturday, June 21, 1986

07.30 Uhr	Breakfast at the respective locations and hotels
09.00–12.30 Uhr	Session I: Myocardial Ischemia – Definition of models and methods (Location: Gymnastikhalle, Küppelsmühle)
13.00 Uhr	Lunch at the Küppelsmühle, »small restaurant«
15.00–18.00 Uhr	Session II: »Metacardiology«
19.30 Uhr	Dinner at the Hohenzollern Restaurant

Sunday, June 22, 1986

08.30–10.30 Uhr	Session III: Pathophysiology
10.30–11.30 Uhr	Final discussions and conclusions
11.45 Uhr	Brunch at Schaefer's home (Am Orbtal 1)
13.00 Uhr	Optional transportation to the railway and to the airport Frankfurt (Main)

Participants

Dan Burkhoff, Ph. D., Department of Biomedical Engineering, Cardiovascular Group, The Johns Hopkins University, 720 Rutland Avenue, Baltimore, Maryland 21205, USA

Dr. S. Dilly, Department Physiology, Charing Cross & Westminster Medical School, Fulham Palace Road, London, W6 8RF, England

James M. Downey, Ph. D., Professor, College of Medicine, Department of Physiology, University of South Alabama, Mobile, Alabama 36688, USA

Dr. med. Franz Ebner, Internist, BAYER-Pharma Forschungszentrum, Aprather Weg, 5600 Wuppertal

Prof. Dr. Hermann Eichstädt, Universitäts-Klinikum Charlottenburg, Spandauer Damm 130, 1000 Berlin 19

Michael R. Franz, M. D., Assistant Professor, Cardiac Arrhythmia Study Unit, Stanford University Medical Center, Stanford, California 94305, USA

Prof. Dr. Rainer Groß, BAYER-Pharma Forschungszentrum, Aprather Weg, 5600 Wuppertal

Dr. Dr. Peter Hucklenbroich, Institut für Theorie und Geschichte der Medizin der Wilhelm-Universität Münster, Waldeyerstraße 27, 4400 Münster

Robert B. Jennings, M. D., Professor of Pathology, Department of Pathology, Box 3712, Duke University Medical Center, Durham, North Carolina 27710, USA

Prof. Dr. med. Thomas Kenner, Physiologisches Institut, Universität Graz, Harrachgasse 21/V, A-8010 Graz, Österreich

Dr. John Kingma, The Rayne Institute, St. Thomas Hospital, London SE 1, England

Dr. Michael Kirchengast, KNOLL-AG, Biologische Forschung und Entwicklung, Knollstraße 50, 6700 Ludwigshafen

Dr. Max Lab, Department of Physiology, Charing Cross & Westminster Medical School, Fulham Palace Road, London, W6 8RF, England

Reidar K. Lie, M. D., Ph. D., Department of Philosophy, University of Minnesota, 355 Ford Hall, Minneapolis, Mn. 55455, USA

Tetsuji Miura, M. D., College of Medicine, Department of Physiology, University of South Alabama, Mobile, Alabama 36688, USA

Charles E. Murry, Graduate student, Department of Pathology, Duke University Medical Center, Durham, North Carolina 27710, USA

Prof. Dr. med. Thies Peters, Direktor der Pharma-Forschung, JANSSEN GmbH, Raiffeisenstraße 8, 4040 Neuss

K. A. Reimer, M. D., Ph. D., Professor of Pathology, Department of Pathology, Duke University Medical Center, Durham, North Carolina 27710, USA

[Prof. Dr. Kazem Sadegh-Zadeh, Institut für Theorie und Geschichte der Medizin der Wilhelm-Universität Münster, Waldeyerstraße 27, 4400 Münster]

Kiichi Sagawa, M. D., Ph. D., Professor of Biomedical Engineering, Department of Biomedical Engineering, The Johns Hopkins University, 720 Rutland Avenue, Baltimore, Maryland 21205, USA

Brigitte Schaefer, Internationales Institut für Theoretische Cardiologie e. V., Am Orbtal 1, 6482 Bad Orb

Prof. Dr. med. Jochen Schaefer, Kliniken Küppelsmühle, Am Orbtal 1, 6482 Bad Orb

Tim Schaefer, Internationales Institut für Theoretische Cardiologie e. V., Am Orbtal 1, 6482 Bad Orb

Kenneth Schaffner, M. D., Ph. D., Department of History and Philosophy of Science, University of Pittsburgh, Pittsburgh, PA 15620, USA

Prof. Dr. J. Siegrist, Medizinische Soziologie, Philipps-Universität Marburg, 3550 Marburg/Lahn

Dr. Charles Steenbergen, Assistant Professor of Pathology, Department of Pathology, Duke University Medical Center, Durham, North Carolina 27710, USA

[Prof. Dr. med. Harald Tillmanns, Abteilung für Innere Medizin, Medizinische Universitäts-Klinik Heidelberg, Bergheimerstraße 58, 6900 Heidelberg]

Dr. Derek Yellon, The Rayne Institute, St. Thomas Hospital, London SE 1, England

David T. Yue, Ph. D., Department of Biomedical Engineering, Cardiovascular Group, The Johns Hopkins University, 720 Rutland Avenue, Baltimore, Maryland 21205, USA

[...]: could not attend

Vorne: D. T. Yue; M. Lab; D. Yellon (?); hinten: F. Ebner;
Th. Kenner

T. Miura; ?; Ch. E. Murry; J. M. Downey

F. Ebner; M. Burkhoff; D. Burkhoff

D. T. Yue; M. Kirchengast; K. A. Reimer

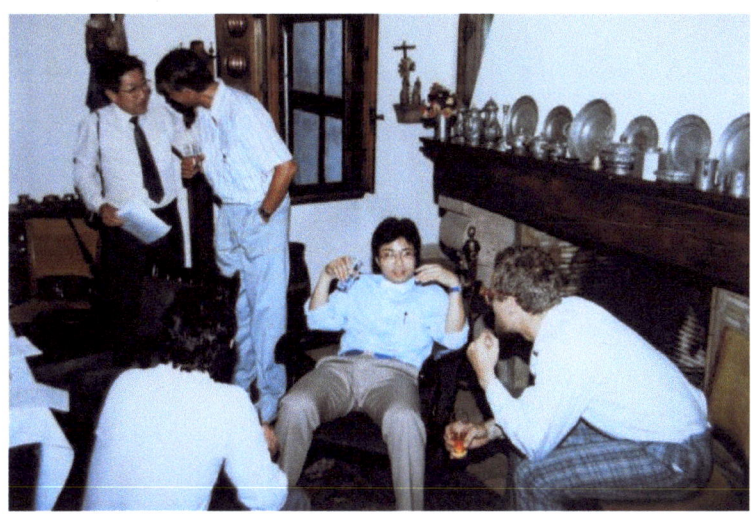

Hinten: K. Sagawa; M. Franz;
vorne: ? (Rücken); D. T. Yue (liegend); J. Kingma (sitzend) (?)

T. Schaefer; K. Sagawa

K. Sagawa; M. Franz

M. Franz; K. Sagawa

K. Sagawa; M. Franz; M. Lab

B. Schaefer; J. Schaefer; M. Franz; D. Burkhoff

R. K. Lie; K. Schaffner

B. Schaefer; J. Siegrist

D. Yellon; J. M. Downey; K. A. Reimer

S. Dilly (?); M. Franz; A. Schaefer

Epistemology and the heart beat: Some foundational problems in electrocardiology (II. Symposium: 21.11.1987, Palo Alto, Stanford, California)

Duration, shape and constancy of the action potential under defined conditions are thought to reflect (the occurrence of) ionic processes across cellular membrane structures (and within myocardial cells). Talking about biological processes one usually is inclined to think that they occur with a certain variance (Streubreite) and it is, therefore, somewhat surprising that the underlying biochemical and biophysical processes seem to occur in such a well-established fashion that depolarisation as well as repolarisation of the action potential take place (all other conditions kept constant) with a precision of less than a few milliseconds deviation. Particularly the upstroke of the action potential is, compared to other phases of the action potential, of extremely short duration (E. Carmeliet and J. Vereecke, 1979). This precision is also apparent under the conditions of induced or spontaneous changes of rate and rhythm where shape and duration of the action-potential show the phenomenon of electrical restitution in a highly reproducible and mathematically treatable form.

Another remarkable and still mysterious property of heart muscle is its repetitive self-excitation. This endows the heart with its intrinsic pacemaker, allowing the regular excitation and contraction that is necessary for maintenance of the circulation (H. Fozzard and M. F. Arnsdorf, 1986).

Most of the knowledge acquisition process in cardiac electrophysiology has been devoted to the elucidation and the description of the mechanisms which form the basis of rhythmic activity and which underlie the genesis of the action potential and its various phases. In the past decades many elegant experiments have been performed and various ingenious hypotheses and theories of the field have been developed to explain the observed (and produced) phenomena (see Denis Noble recent review article, 1984, which he entitled: the surprising heart).

There are, however, some other fascinating aspects in this field of research. We would here like to point out only two of them.

Currently the Hodgkin-Huxley theory of the membrane potential is the generally accepted theory in the scientific field. All experimental findings are interpreted in light of this theory. However, an interesting rival to this theory has been in existence for a long time (G. Ling and R. W. Gerard, 1949; for a discussion, see also M. I. M. Noble and A. J.

Drake-Holland, 1986, and U. Ravens, 1983). The existence of two such rival theories raises interesting epistemological questions. For example, can we point to definite experimental evidence which refutes Ling's theory? If not, why has this theory been almost universally rejected? Are there any anomalies which can not be explained by the Hodgkin-Huxley theory, but which can easily be explained by its rival? An examination of these questions should be fruitful also for experimental research.

The rhythmic contraction of the cardiac muscle cell is but one of the periodic events in the human body. During recent years a body of empirical knowledge has been accumulated on the importance of periodic events for human health and disease. There also has been an interest in the question of what it is that makes an organism aware of time itself (W. Deppert, 1983). The question we would like to raise is whether it is possible to model the heart in such a way that the periodic events taking place there can reveal their importance for an understanding of both normal and diseased cardiac function. Above we also have pointed out the precision by which timed events occur at the molecular level. This is in contrast with an »imprecision« at a higher level (for example, it is probably not important for keeping up cardiac output whether there are 69 or 71 heartbeats per minute). We would like to ask whether an examination of these differences at different levels can give us important insight into an understanding of cardiac function. This may be another important example of a reduction problem.

Jochen Schaefer, Wolfgang Deppert, Reidar K. Lie

References

Carmeliet, E., and Vereecke, J., Electrogenesis of the action potential, in Handbook of Physiology, Volume I, The Heart, pp. 269–334 (1979)

Deppert, Wolfgang, Outline of a theory of system times, in: Space, Time, and Mechanics, D. Reidel Publishing Company, Dordrecht, Boston, pp. 195–224 (1983)

Fozzard, H. A., Arnsdorf, M. F., Cardiac Electrophysiology, in: The Heart and Cardiovascular System, Scientific Foundations, Volume 1, Raven Press, New York, pp. 1–30 (1986)

Ling, G., Gerard, R. W., The normal membrane potential of frog sartorius fibers, Journal cell. Comp. Physiol., pp. 383–396 (1949) 34

Noble, D., The surprising heart: A review of the recent progress in cardiac electrophysiology, J. Physiol., pp. 1–50 (1984) 353

Noble, M. I. M., Drake-Holland, Angela J., Discrepancies between scientific theory and practice in relation to physiological hypotheses, Theoretical Medicine, pp. 219–231 (1986) 7

Ravens, Ursula, Aktionspotentialform, Kontraktionskraft und Frequenz. Untersuchungen an Warmblüterherzen, Thieme Copythek, Georg Thieme Verlag Stuttgart, New York (1983)

Program

November 21, 1987

Morning session: Methodology and basic mechanisms (Chairman: J. A. Abildskov)

09.00 Uhr	Welcome and Introduction (Michael Franz)
09.10 Uhr	Epistemology and the heart beat: Some foundational problems in electrocardiology (Jochen Schaefer, Wolfgang Deppert, Reidar K. Lie)
10.10 Uhr	Reducing uncertainty in practical estimates of cardic activation and recovery times (Robert L. Lux)
11.00 Uhr	Atrial repolarization/refractoriness (Nadia Debbas)
11.30 Uhr	Insights concerning cardiac fibrillation (J. A. Abildskov)
12.00 Uhr	Origin of ischemic injury currents: the calcium connection (William T. Clusin)
12.30 Uhr	Walk to Falk Cardiovascular Research Building (CVRB)
12.40 Uhr	Luncheon, CVRB

Afternoon session: The forward solution of the electrocardiogram (Chairman: Nancy Flowers)

13.30 Uhr	Dispersion of refractoriness and T wave abnormalities (Jan Amlie)
14.00 Uhr	A ventricular envelope model (Leo Horan)
14.45 Uhr	Correlation between epicardial action potential and body surface maps (Nancy Flowers)

15.30 Uhr	Ventricular action potential mapping and T wave genesis (Michael R. Franz)
16.15 Uhr	The effect of cardiac electrical anisotropy of intracavitary, epicardial and extracardiac electrograms and potential fields (Bruno Taccardi)
17.00 Uhr	Summary and concluding remarks (Michael Franz, Jochen Schaefer)
17.30 Uhr	Shuttle to Hotel Sofitel
19.00 Uhr	Dinner at Sofitel Hotel

Participants

J. A. Abildskov, M. D., Professor of Medicine, University of Utah, Nora Eccles Harrison Cardiovascular Research & Training Institute, Nora Eccles Harrison Building, Salt Lake City, Utah 84112, USA

Jan Amlie, M. D., Hjertemedisinsk avdeling, Rikshospitalet, Universitetet i Oslo, Oslo, Norway

William T. Clusin, M. D., Ph. D., Assistant Professor of Medicine, Division of Cardiology, Stanford University School of Medicine, Stanford, California 94305, USA

Nadia Debbas, M. D., St. George's Hospital Medical School, Department of Cardiological Sciences, University of London, Cranmer Terrace, London SW17 ORE, England

Dr. rer. nat. Wolfgang Deppert, Philosophisches Seminar der Christian-Albrechts-Universität zu Kiel, Olshausenstraße 40–60, 2300 Kiel 1, Federal Republic of Germany

Nancy Flowers, M. D., Professor of Medicine, Medical College of Georgia, Section of Cardiology, Augusta, Georgia 30912, USA

Michael R. Franz, M. D., Assistant Professor, Cardiac Arrhythmia Study Unit, Stanford University Medical Center, Stanford, California 94305, USA

William E. Hancock, M. D., Professor of Medicine, Division of Cardiology, Stanford University School of Medicine, Stanford, California 94305, USA

Leo G. Horan, M. D., Professor of Medicine, Cardiology Section, Medical College of Georgia, Veterans Administration Medical Center, Augusta, Georgia 30910, USA

Reidar K. Lie, Ph. D., Assistant Professor of Philosophy, Department of Medical Humanities, East Carolina University, Greenville, North Carolina, USA

L. Bing Liem, D. O., Clinical Assistant Professor of Medicine, Cardiac Arrhythmia Unit, Stanford University School of Medicine, Stanford, CA 94305, USA

Robert L. Lux, Ph. D., Associate Professor of Medicine, Nora Eccles Harrison Cardiovascular Research & Training Institute, Nora Eccles Harrison Building, Salt Lake City, Utah 84112, USA

Alexander Renieri, ACM, Stollenbergwerk 36, 6572AC Berg en Dal, Holland

Jochen Schaefer, M. D., IIfTC Bad Orb, Kliniken Küppelsmühle, Am Orbtal 1, 6482 Bad Orb, Federal Republic of Germany

Melvin M. Scheinman, M. D., Professor of Medicine, University of California San Francisco, Room 312 Moffett Hospital, 3rd and Parnassus, San Francisco, CA 94143-0214, USA

Bruce M. Steinhaus, Ph. D., Assistant Research Professor of Medicine, Nora Eccles Harrison, Cardiovascular Research & Training Institute, Nora Eccles Harrison Building, University of Utah, Salt Lake City, Utah 84112, USA

Bruno Taccardi, M. D., Visiting Professor of Medicine, Nora Eccles Harrison Cardiovascular Research and Training Institute, Nora Eccles Harrison Building, Salt Lake City, Utah 84112, USA

David T. Yue, M. D., Ph. D., Department of Biomedical Engineering, The Johns Hopkins University, 720 Rutland Avenue, Baltimore, Maryland 21205, USA

The Methodology of Clinical Hypothesis Testing: Theoretical Foundations and Practical Clinical Problems (III. Symposium: 19.–20.11.1988, Greenville, East Carolina)

The IIfTC was founded in Bad Orb, West Germany in 1984. Its main purpose is to provide a forum in which traditional and new scientific concepts can be reviewed in a critical and stimulating fashion. In particular, the aim is to bring together researchers with a variety of backgrounds so that important problems can be discussed from different perspectives.

In recent years, randomized clinical trials (RCTs) have gained popularity as a reliable method of testing clinical hypotheses. One standard justification for their superiority over other methods is that they apply the scientific methods to clinical medicine. When doing a clinical trial one has controlled, as far as possible, all the possibly interfering variables, so that the only difference between the groups tested is the treatment in question. Critics of the methodology of RCTs agree that it is reliable as a method for testing a well-defined hypothesis, but have argued that, precisely because of the need for an unequivocal definition of one's population, treatment, and endpoints, RCTs lose their clinical relevance. Furthermore, an important part of the process of acceptance of a hypothesis in the experimental sciences is the ability to replicate the result in different laboratories, under different circumstances. It is, of course, very difficult, both for practical and ethical reasons, to test the same treatment in different trials at different times. There is also a continuing controversy as to the need for randomization. Some have pointed out that if one will accept the result of a trial only if the procedure of randomization has achieved two or more prognostically similar groups, randomization loses its justification as an independent and ›blind‹ method of achieving control.

Although the above mentioned issues have already been discussed in the literature, there has been little interaction between those researchers who are interested in the foundations of statistics and those who are actively involved in the interpretation of clinical trials. Also, during the last few decades philosophers of science have discussed what the ›scientific method‹ is in the experimental sciences. Insights developed in this field may now be able to illuminate the controversy over the role of RCTs in clinical hypothesis testing, and also clarify the role of RCTs in clinical medicine. This symposium will therefore be a unique opportunity for discussion between those who are involved in clinical trials, philosophers of science and statisticians interested in the foundations of statistics.

Reidar K. Lie, Jochen Schaefer, Kenneth Schaffner

Program

November 18, 1988

07.00 Uhr	Reception, Greenville Room, Hilton Inn
08.00 Uhr	Dinner, Hilton Inn

November 19, 1988

Morning session: Methodological and Philosophical Issues
(Chair: Reidar Lie)

09.00 Uhr	Welcome and Introduction (Reidar K. Lie, Jochen Schaefer)
09.15 Uhr	Sequential stopping rules and sequentially adjusted F-values. Does one require the other? (William Dupont)
09.45 Uhr	Stopping rules: An assessment of proposals by Meier and Kadane (Fred Gifford)
10.15 Uhr	Coffee
10.45 Uhr	On the ethics of a new clinical trial (Teddy Seidenfeld)
11.15 Uhr	Statistical and individual concepts of causation (Kenneth Schaffner)
12.00 Uhr	Luncheon (Brody Building, ECU School of Medicine, 2W-38)

Afternoon session: Clinical experience (Chair: Jochen Schaefer)

13.30 Uhr	Interpretation and significance of two or three way interactions in clinical trials (Arthur Moss)
14.00 Uhr	Who interprets clinical data: clinician or statistician? (Bert Spilker)

14.30 Uhr	Selected design issues in cardiovascular clinical trials (Larry Friedman)
15.00 Uhr	Coffee
15.30 Uhr	Problems in the translation of clinical trials to clinical practice (Franz Ebner)
16.00 Uhr	The paradox of generating and validating clinical hypotheses (Rein Vos)
16.30 Uhr	Discussion and concluding remarks
17.15 Uhr	Transportation back to hotel
19.00 Uhr	Dinner, King and Queen, 103 Eastbrook Drive

November 20, 1988

Discussion: Chair: Kenneth Schaffner

09.00–11.30 Uhr	Informal discussions among the participants of the symposium
11.30 Uhr	Lunch
13.00 Uhr	Departure from Greenville

Participants

Thomas C. Chenier, Ph. D., Biostatistics / Epidemiology Program, School of Allied Health Sciences, Belk 306A, East Carolina University, Greenville, NC, 27858-4353

Norman Dahl, Ph. D., Department of Philosophy, University of Minnesota, 355 Ford Hall, 224 Church Street, S. E., Minneapolis, MN 55455

Dr. rer. nat. Wolfgang Deppert, Philosophisches Seminar der Christian-Albrechts-Universität zu Kiel, 2300 Kiel, Federal Republic of Germany William Dupont, Ph. D., Department of Preventive Medicine, Vanderbilt

University School of Medicine, Nashville, TN 37232

Dr. med. Franz Ebner, Bayer AG, Pharma Forschungszentrum Ressort Medizin, Aprather Weg – Postfach 101709, 5600 Wuppertal 1, Federal Republic of Germany

Lawrence Friedman, M. D., Associate Director for Clinical Application & Prevention, National Heart, Lung & Blood Institute, 7550 Wisconsin Avenue, Federal Building, Room 5C01, Bethesda, M. D. 20892

Fred Gifford, Ph. D., Department of Philosophy, Michigan State University, East Lansing, Michigan 48823

Don Holbert, Ph. D., Biostatistics / Epidemiology Program, School of Allied Health Sciences, Belk 302, East Carolina University, Greenville, NC 27858-4353

Loretta Kopelman, Ph. D., Department of Medical Humanities, School of Medicine, Brody 2S-17, East Carolina University, Greenville, NC 278584354

William E. Laupus, M. D., Vice Chancellor for Health Sciences, School of Medicine, Brody 2W-33, East Carolina University, Greenville, NC 27858-4354

Reidar K. Lie, M. D., Ph. D., Department of Medical Humanities, School of Medicine, Brody 2S-17, East Carolina University, Greenville, NC 278584354

Stuart Long, Statistician Research Assistant, Department of Medicine, Endocrinology Section, Brody 2N-64E, School of Medicine, East Carolina University, Greenville, NC 27858-4354

Arthur J. Moss, M. D., Box 653, University of Rochester Medical Center, Rochester, New York 14642

Kevin F. O'Brien, Ph. D., Director, Biostatistics/Epidemiology Program, School of Allied Health Sciences, Belk 302-E, East Carolina University, Greenville, NC 27858-4353

Michael Resnik, Ph. D., Department of Philosophy, The University of North Carolina at Chapel Hill, Chapel Hill, NC 27514

Dr. med. Jochen Schaefer, IIfTC, Am Orbtal 1, 6482 Bad Orb, Federal Republic of Germany

Kenneth Schaffner, M. D., Ph. D., Department of History and Philosophy of Science, University of Pittsburgh, 1017 Cathedral of Learning, Pittsburgh, PA 15260

Teddy Seidenfeld, Ph. D., Philosophy Department, Carnegie Mellon University, Pittsburgh, PA 15213

Bert Spilker, M. D., Ph. D., Burroughs Welcome Company, 3003 Cornwallis Road, Research Triangle Park, NC 27709

Rein Vos, M. D., Department of Pharmacology and Therapeutics, University of Groningen, Antonius Deusinglaan 2, 9713 AW Groningen, The Netherlands

William Wheeler, M. D., Department of Medicine, Cardiology Section, PCMH 378, School of Medicine, East Carolina University, Greenville, NC 27858-4354

Zu den grundsätzlichen Möglichkeiten einer Zusammenarbeit zwischen Philosophie und Wissenschaften unter besonderer Berücksichtigung von Medizin und Kardiologie
(IV. Symposium: 22.–24.09.1989, Bad Orb)

The proceedings of this meeting have been published as a book: »Wissenschaftstheorien in der Medizin – ein Symposium«, edited by W. Deppert, H. Kliemt, B. Lohff, J. Schaefer, de Gruyter, Berlin–New York, 1992. In the following the editorial note is shown:

Vorbemerkung der Herausgeber

Angesichts der modernen Wissenschaftsdynamik und -spezialisierung bleibt Wissenschaftlern im Allgemeinen gar nichts anderes übrig, als in eng umrissenen Spezialgebieten »nach vorne« zu forschen. Sie kümmern sich nicht oder kaum um das, was hinter und neben ihnen liegt oder geschieht. Die disziplinäre Arbeitsteilung beschränkt sie perspektivisch auf das, was von der speziellen Aufgabenstellung ihres Forschungsgebietes her gefordert ist. Wie soll da noch Raum bleiben, um zurückzuschauen oder nach übergreifenden Zusammenhängen zu fragen?

Wollen wir nicht orientierungslos werden, müssen wir den Versuch, übergreifende Zusammenhänge zu erkennen, dennoch unternehmen. Die Wissenschaftsphilosophie kann derartige Bestrebungen unterstützen und insoweit eine nützliche Dienstleistung für die Fachdisziplinen übernehmen. Das gilt unserer Meinung nach auch und insbesondere für die biomedizinischen Wissenschaften. Mediziner scheinen in besonderem Maße anfällig für die Illusion zu sein, sie stünden mit der jeweils neuesten Lehrmeinung auf dem Boden unerschütterlich gesicherten Wissens. Sie legen sich selten Rechenschaft ab über Herkunft, Art und Sicherheit ihrer fachspezifischen Kenntnisse. Reflexionen darüber findet man höchstens bei Außenseitern oder in den Memoiren alter Ärzte, die sich darüber wundern, wie sehr sich die von ihnen praktizierte Medizin im Laufe ihres Berufslebens verändert hat.

Ein blindes Vertrauen, die Wissenschaft werde schon von selbst ihren geordneten Gang gehen, wird auf Dauer nicht ausreichen. Die Reflexion auf die Grundlagen des eigenen Tuns ist jederzeit angezeigt. Das Symposium diente dazu, in einem interdisziplinären Gespräch den Blick über die Grenzen des eigenen Fachs zu öffnen und einen wissenschaftsphilosophischen Dialog in Gang zu setzen, damit Wissenschaftstheoretiker durch Einzelwissenschaftler und umgekehrt Einzelwissenschaftler durch Wissenschaftstheoretiker Anregungen für ihre Arbeit erhalten. Wir haben bewusst die sonst übliche Form von wissenschaftlichen Tagungen vermieden, auf denen jeder der Teilnehmer sein vorbereitetes Manuskript verliest, denn die nach einer Manuskriptpräsentation stattfindenden Diskussionen sind nach aller Erfahrung fast ausschließlich »Grabenkämpfe« zwischen »Angreifern« und »Verteidigern« der vorgetragenen Thesen und Argumente, sodass sie meistens mit einer verhärteten Position nach Hause fahren; wobei sie allenfalls gelernt haben, diese besser gegen Angriffe zu verteidigen. Bei unserer Tagung sollten derartige Verhaltensmuster vermieden werden. Deshalb war das Symposium ganz und gar der Diskussion gewidmet. Um den Inhalt der Gespräche durch konkrete Fälle medizinischer Forschung zu bestimmen, wurden Texte zur Herz-Kreislauf-Forschung ausgewählt, da Jochen Schaefer als Hauptveranstalter ein besonderes Interesse an diesem Bereich medizinischer Forschung hat. Hinzu kamen wissenschaftsphilosophische Texte (s. Anhang II).

Aus Sicht der Teilnehmer hat dieses Symposium seinen Zweck so gut erfüllt, dass sie sich am Schluss der Tagung bereit erklärt haben, die gewonnenen Anregungen und Einsichten in Beiträgen für den vorliegenden Band zu verarbeiten. Wir hoffen, dass die Ergebnisse dieses Nachdenkens ebenso wie die zunächst abgedruckten Symposiumsdiskussionen – an denen außer den verhinderten Herren Mainzer und Rosen alle Autoren von in diesem Band veröffentlichten Beiträgen teilnahmen – auch für ein größeres Publikum anregend sind. Angesichts der umfassenden Vorbereitung und Diskussion wurde auf einen »peer review« der erbetenen Beiträge verzichtet, um dem gedanklichen Gestaltungswillen der von uns angesprochenen Teilnehmer freien Lauf zu lassen. Es ist vorgesehen, aus diesem ersten Buch eine Reihe zu entwickeln, die für den Diskurs zwischen Wissenschaftsphilosophie und Kardiologie als ein Forum dienen soll. (Mit einem Abstand von zehn Jahren konnten wir dieses Projekt im Jahre 2002 unter dem Titel »Grundlagenprobleme unserer Zeit« mit dem Leipziger Universitätsverlag beginnen.)

Program

The proceedings of this meeting have been published as a book: »Wissenschaftstheorien in der Medizin – ein Symposium«, edited by W. Deppert, H. Kliemt, B. Lohff, J. Schaefer, de Gruyter, Berlin–New York, 1992. The content of this book which is shown in the following represents the program of the symposium:

Theorienstrukturen in der Medizin – ein Symposium

Theoriebegriffe in der Medizin

Das Reduktionismusproblem in der Medizin

Fortschritt in der Medizin

Anhänge

Register

Participants

PD Dr. Wolfgang Deppert, Philosophisches Seminar der Christian-
Albrechts-Universität zu Kiel, Leibnizstr. 6, 2300 Kiel

Prof. Dr. Werner Diederich, Philosophisches Seminar, Zentrum für
Interdisziplinäre Forschung der Universität Bielefeld, 4800 Bielefeld

Dipl.-Soz.-Päd. Ulrich Freund, Rehabilitationskliniken Küppelsmühle, 6482 Bad Orb

Prof. Dr. Rainer Hegselmann, Fachbereich 10/Philosophie, Universität Bremen, Postfach 330440, 2800 Bremen 33

Prof. Dr. Dr. Peter Hucklenbroich, Institut für Theorie und Geschichte der Medizin der Universität Münster, Waldeyerstraße, 4400 Münster

Prof. Dr. Thomas Kenner, Vorstand, Physiologisches Institut der Universität Graz, Harrachgasse 21/V, A-8010 Graz

Prof. Dr. Hartmut Kliemt, Fachbereich 1 – Philosophie, Gesamthochschule Duisburg, Postfach 101629, 4100 Duisburg 1

Reidar Lie, M. D., Ph. D., Institutt for allmennmedisin, Universitetet i Oslo, Frederik Stang S. gage 11–13, Norwegen 0264 – Oslo 2

PD Dr. Brigitte Lohff, Institut für Geschichte der Medizin und der Pharmazie der Christian-Albrechts-Universität zu Kiel, Brunswiker Str. 2, 2300 Kiel

[Prof. Dr. Klaus Mainzer, Philosophisches Seminar der Universität Augsburg, 8900 Augsburg]

Karl Heinz Pralle, Arzt, Lange Straße 10, 3130 Lüchow-Dannenberg

[Robert Rosen, M A, Ph. D., Professor of Biophysics, Department of Physiology and Biophysics, Dalhousie University, Faculty of Medicine, University of Halifax, Nova Scotia, Canada],

Dr. med. Daniel Schaefer, Pfalzburger Straße 48, 1000 Berlin

Prof. Dr. Jochen Schaefer, Institut für Theoretische Cardiologie (IIfTC), Kliniken Küppelsmühle, 6482 Bad Orb

Professor Jan Helge Solbakk, Direktor der Nationalen Kommission für Medizinische Forschungsethik, Oslo, Norwegen

Prof. Dr. Manfred Stöckler, Philosophisches Seminar der Universität Heidelberg, Marsilius-Platz, 6900 Heidelberg

Prof. Dr. Dr. Gerhard Vollmer, Zentrum für Philosophie und Grundlagen der Wissenschaft der Justus-Liebig-Universität Gießen, 6300 Gießen

Rein Vos, M. D., Ph. D., Department of Pharmacology and Therapeutics, University of Groningen, Antonius Deusinglaan 2, 9713 AW Groningen, The Netherlands

[...]: could not attend

4.1 Nachbemerkung

Parallel und in Vorbereitung auf das IV. Symposium des IIfTC fanden international interdisziplinäre Gespräche, Briefwechsel und Treffen statt, die im Prinzip zum Symposium dazugehörten, unter anderem mit dem von mir sehr geschätzten Kollegen A M. Katz[25].

Wann und wo wir uns zum ersten Mal begegneten, ist mir entfallen, wahrscheinlich im Rahmen einer Konferenz der EWGCCE oder eines Symposiums der ISHF (International Society for Heart Research[26]). Sein Buch »Physiology of the Heart«, das 1977 in erster Auflage bei Raven Press (2. Erweiterte Auflage 1992) erschien, hatte mich sehr beeindruckt. Dazu gehören auch seine später mit seiner Frau Phyllis verfassten Aufsätze[27], in denen antikes Wissen und Denken beispielsweise mit neuen Erkenntnissen zur Synchronisation kardiovaskulärer Prozesse verbunden oder den Einsichten der Vorsokratiker eine entscheidende Rolle bei der Überwindung des Mythos – ähnlich dem Kuhn'schen Konzept eines Paradigmenwechsels – zugesprochen wurde.[28] Unsere Begegnungen führten auch zu einer Einladung, ihn und seine Frau in Farmington zu besuchen.

Der nachfolgend geschilderte Gedankenaustausch zur Rolle von Thomas S. Kuhns Konzept des Paradigmas[29] für die in den letzten Jahrzehnten gewonnenen kardiophysiologischen Erkenntnisse zwischen A. M Katz und seiner Tochter Laura und dem IIfTC und den damit verbundenen Arbeitskreisen (siehe Kapitel 5) war eine willkommene Gelegenheit für internationale wissenschaftstheoretische Interdisziplinarität.

---

25 Rollet, Ellis L.: Armold M. Katz 1932–2016, in: Circulation. 2016; 133 (14): 1424–1425 https://t1p.de/3ovgo.
Ventura, Hector O: In Memoriam Arnold M. Katz, in: www.ajconline.org, https://t1p.de/49da5, https://t1p.de/tltvs.

26 History of the International Society for Heart Research, https://t1p.de/cw5uv.

27 Katz, A. M./P. B. Katz: Homogeneity out of heterogeneity, in: Circulation. 79 (1989):712–717.
Originally published 1 Mar 1989, https://t1p.de/f3c17.

28 Katz, A. M./P. B. Katz: Emergence of Scientific Explanations of Nature in Ancient Greece. The Only Scientific Discovery? In Circulation. 92 (1995):637–645. Originally published 1 Aug 1995, https://t1p.de/bza6f.
Siehe hierzu auch Deppert, W.: Einführung in die Philosophie der Vorsokratiker – die Entwicklung des Bewusstseins vom mythischen zum begrifflichen Denken. Vorlesung WS 1997/98 und WS 1998/1999. Nicht druckfertiges Vorlesungsmanuskript.

29 Kuhn T. S. The Structure of Scientific Revolutions. 2nd Ed. Univ Chicago Press, Chicago (1970).

The interdependence of paradigmatic shifts and normal science: Three examples
J Mol Cell Cardiol. 1988 Apr;20(4):355–66. doi: 10.1016/s0022-2828(88)80069-5.

4.2 Die Diskussion über die Einbettung von kardiophysiologischen Erkenntnissen in das Kuhn'sche Konzept der Paradigmen

Abstract Control of the performance of the heart can now be understood in terms of three paradigms: beat-to-beat, length-dependent regulation (Starling's Law of the Heart); short term regulation by biochemical changes within the cardiac cell (excitation-contraction coupling, myocardial contractility); and long-term regulation by altered gene expression (molecular biology). The latter may also compensate for inhomogeneities in ventricular function. According to Kuhn's theory, the more recent of these paradigms should provide a better and more complete picture of cardiac function. However, because each of these paradigms explains distinct aspects of cardiac regulation that are not mutually exclusive, this evolution fails to support Kuhn's view that science progresses as a series of revolutionary advances. Instead, it is only by understanding all of these paradigms that we can begin to grasp their complex interactions in governing cardiac function, and so gain insight into these interwoven control mechanisms. It seems likely that this is not an uncommon pattern, and that future work will add new paradigms to the complex body of knowledge of cardiac regulation without invalidating any of the paradigms described in this editorial.

Die Steuerung der Leistung des Herzens kann heute anhand von drei Paradigmen verstanden werden: Schlag zu Schlag, längenabhängige Regulierung (Starling's Law of the Heart), kurzfristige Regulierung durch biochemische Veränderungen innerhalb der Herzzelle (Erregungs-KontraktionsKopplung, myokardiale Kontraktilität) und langfristige Regulierung durch veränderte Genexpression (Molekularbiologie). Letztere kann auch Inhomogenitäten in der Herzkammerfunktion kompensieren. Nach der Theorie von Kuhn sollte das neuere dieser Paradigmen ein besseres und vollständigeres Bild der Herzfunktion liefern. Da jedoch jedes dieser Paradigmen unterschiedliche Aspekte der Herzregulation erklärt, die sich nicht gegenseitig ausschließen, kann diese Entwicklung Kuhns Ansicht, dass die Wissenschaft in Form einer Reihe von revolutionären Fortschritten voranschreitet, nicht bestätigen. Stattdessen können wir nur durch das Verständnis all dieser Paradigmen beginnen, ihre komplexen Wechselwirkungen bei der

Steuerung der Herzfunktion zu begreifen und so Einblick in diese mitei-nander verwobenen Kontrollmechanismen gewinnen. Es scheint wahr-scheinlich, dass dies kein ungewöhnliches Muster ist und dass künftige Ar-beiten neue Paradigmen zum komplexen Wissensbestand der Herzregula-tion hinzufügen werden, ohne eines der in diesem Leitartikel beschriebe-nen Paradigmen außer Kraft zu setzen.

4.3 In einem exemplarischen Dialog nahmen Wolf-gang Deppert, Brigitte Lohff und Jochen Schae-fer dazu Stellung, J Mol Cell Cardiol 23, 395402 (1991):

Introduction

It is most fortunate that a discussion in theoretical cardiology was initiated by Dr A. M. Katz in his editorial: »Molecular Biology in Cardiology: A Par-adigmatic Shift?« This discussion, which is concerned with the develop-ment and growth of science and its epistemological foundations, is useful for several reasons: (a) because an epistemological assertion is discussed within the framework of an ongoing research program; (b) because exam-ples for such a discussion have been concerned mainly with paradigms in the physical and chemical sciences; (c) because Dr Katz, as a scientist ac-tively involved in cardiology research, is trying to assign important contri-butions of ongoing research in the cardiovascular field according to episte-mological points of view and to relate them to each other; (d) because this provides an important opportunity for us to illustrate the research strategic consequences of paradigm dependence to the readers of this Journal, which is focused on basic research in cardiology; and (e) because Dr Katz's paper has stimulated much discussion among philosophers of science in the German language area (see page 400).

At a recent symposium of The International Institute for Theoretical Car-diology in Bad Orb, September 22–24, 1989, (Proceedings to be published by de Gruyter, Berlin-New York, 1991) Dr Katz5editorial was extensively discussed. It became evident, that the use of epistemological terms and ter-minology in the elucidation and description of problems in on-going re-search in the biomedical sciences may pose some problems, (a) One prob-lem results from the fact that philosophers of science themselves do not re-alize the extent to which the introduction of their terms and notions and concepts may lead to misunderstandings and misconceptions when they are applied to modern ongoing research; (b) In philosophy of science itself there are continuous developments that have gone beyond the generally known »leading«-concepts of Popper's notion of falsification or Kuhn's concept of paradigm (c) In applying these leading concepts it is often forgotten, that these concepts cannot be used as slogans but need extensive commentaries and when they are used as abbreviated formulas they may lead to misinterpretations (page 400).

4.4 A. M. Katz antwortete auf unseren Beitrag mit einer von ihm und seiner Tochter Laura verfassten Entgegnung.

In der Rückschau auf diesen vor mehr als dreißig Jahren geführten Diskurs ist es erstaunlich, dass die Beteiligten die Arbeiten und Konzepte von Ludwik Flecks[30] nicht in ihre Argumentation einbrachten.

---

[30] Fleck, Ludwik: Denkstile und Tatsachen. Gesammelte Schriften und Zeugnisse. Herausgegeben von Sylwia Werner und Claus Zittel unter Mitarbeit von Frank Stahnisch. Mit zahlreichen Abbildungen, Suhrkamp Taschenbuch Wissenschaft (Ersterscheinungstermin: 04.05.1980).

Hinten: Th. Kenner; R. K. Lie; J. H. Solbakk;
vorne: P. Hucklenbroich (Rücken); G. Vollmer; R. Vos

? (Rücken); B. Lohff; Th. Kenner; R. K. Lie; P. Hucklenbroich; ? (Kopf)

R. Vos; G. Vollmer; W. Deppert

Myocardial Optimization and Efficiency and its Evolutionary Aspects
(V. Symposium: 14.–16.09.1990, Graz)

The proceedings of this meeting were published as: »Myocardial Optimization and Efficiency, Evolutionary Aspects and Philosophy of Science Considerations«, edited by D. Burkhoff, J. Schaefer, K. Schaffner, D. T. Yue, Darmstadt, 1994. In the following you will find the preface.

Preface

This book is the result of a collaboration between scientists and philosophers. Naturally, the first question is therefore whether there is a need for philosophy of science in the daily work of scientists at all? Scientists want to know the practical use of such a discourse and to what extent philosophy of science can assist in scientific inquiries.

The claim by most scientists is that animal-based physiology and research at a molecular level are necessary for practical problem solving in medicine. The origin of this conviction, which determines the direction of research today, is found in answers which stem from the 17th century, for instance, those formulated by René Descartes in his Discours de la Méthode (1637) where he writes »because if I examine these functions, which ... could take place in this body, I found that these are exactly the same, which occur in ourselves, without being conscious of them ... and in which, as one can see, the animals, who do not have reason, resemble us.« If the body functions without impinging upon consciousness and resembles a machine, as Descartes writes in his »Traité de l'homme« (written 1632, published 1664), then there could not be fundamental philosophical, epistemological or moral objections against performing animal experiments.[2]

Since then, physics and in particular mechanics have been the leading paradigm for the investigation of biological phenomena. Because this paradigm was, to a considerable degree, influenced and formulated by philosophers, one can say: »Indeed, philosophy of science has played and still is playing a definite role in the daily work of the scientist, especially in the exact sciences like physics and chemistry.«

Most scientists, however, many of whom are working in biology, do not realize that in doing their research they are within the philosophical paradigm of a physicalistic and mechanistic-deterministic world view.

The question one may then ask is whether this physicalistic-mechanistic conception of the world is the only one which can be useful for elucidating biological and medical problems?

This again is an important philosophical question, which has direct influence on the way research is performed in the biological and medical sciences. Because the mechanistic and deterministic view of the world has asserted itself to a great extent in the biomedical sciences over the last century, it might be fruitful to question this concept. The biologist Ernst Mayr does this when he asks: »Is it possible to reduce the phenomena, laws and notions of biology successfully to those of physics?« Or do we need another approach? Is it possible to save the unity of science by reducing all sciences to physics? Or, perhaps, we should, as Mayr suggests, develop a broader concept of science, which not only incorporates the exact sciences, but also the life sciences. Ernst Mayr quotes some material from Simpson's book, and adds his own similar view: »... Simpson has clearly indicated the direction in which we have to move. I believe that a unification of science is indeed possible if we are willing to expand the concept of science to include the basic principles and concepts of not only the physical but also the biological sciences. Such a new philosophy of science will need to adopt a greatly enlarged vocabulary – one that includes such words as biopopulation, teleonomy, and program. It will have to abandon its loyalty to a rigid essentialism and determinism in favor of a broader recognition of stochastic processes, a pluralism of causes and effects, the hierarchical organization of much of nature, the emergence of unanticipated properties at higher hierarchical levels, and internal coherence of complex systems, and many other concepts absent from – or at least neglected by – the classical philosophy of science.« (Mayr 1988, p. 21). Such questions, which philosophers ask, can have quite a great influence on the general thinking of the public and therefore also on the basic scientist. Even if a scientist is convinced that one does not need a general concept of the world, it should still be essential that a scientist analyzes and justifies his scientific practices. Such an analysis would lead one to reflect on certain methodological foundations and approaches which again may lead to scientific and philosophical considerations. A very provocative example of this kind of analysis is the argument which has been put forward by Peter Duesberg questioning the validity of the consensus that the HIV virus also causes the disease AIDS. In spite of an initial rejection of Duesberg's arguments his reflections now seem to be gaining wider acceptance.

We should also question the role that philosophers of science can play today to facilitate exchange with basic scientists working in biomedicine. We propose that philosophers should study and acquaint themselves with the basic and underlying concepts, notions and methods of the science with which they wish to achieve an exchange of ideas and fruitful collaboration. To do this it is necessary for philosophers of science a) to frankly communicate the foundations of their own discipline and its unsolved problems b) to »conquer« the steepness of the learning curve which allows access to the particular area of research in question, and finally c) to recognize the difficulties of understanding that the other participants in such a dialogue may have.

There is yet another more general phenomenon of intellectual activity one should mention here, and that is what we might term the factor of »irritation«: Only by posing new and sometimes annoying, indeed even irritating questions, can scientists become motivated to think in new ways. The same holds true for philosophers when they are forced to occupy themselves in a new way with apparently »old« questions. It would be peculiar if scientists could not deal with irritation caused by the claim of philosophers and historians of science that they should reflect on the foundations of medicine and biomedicine. If scientists accept the challenge of answering irritating questions, the way in which scientists work within their own realm is refreshed, and an additional dimension of analysis is brought to the theory of science.

Purpose of the meeting

The intended purpose of this meeting was to bring together philosophers of science and medicine with scientists working in the field of cardiovascular physiology to discuss the questions of optimization and efficiency in the cardiovascular system. In organizing the program, however, it became apparent that it was not easy to decide how this could best be achieved. There were differences in opinion about whether the program should be structured in a way that controversial points of view which could be anticipated should be put one against the other in order to allow for a direct confrontational approach. The alternative was to highlight the gaps in knowledge and the epistemological problems connected with them by presenting a more hierarchical outline from the so-called lower to higher levels of myocardial function and its integration into the cardiovascular system. A compromise was reached in that the program was finally structured for allowing the discussion of two main aspects: a) the concepts of optimization, maximization and economy, and b) the fundamental aspects of the controversy between assessing the energy consumed by the heart in performing work versus that consumed in producing tension.

The articles are closely related to the presentations given at the conference. In the case of Hiroyuki Suga and Wolfgang Deppert, more detailed versions of the views presented were submitted incorporating and responding to aspects of the discussion that followed the talks. In addition, to attain a more complete treatment of the complex issues dealt with, experts who could not attend the meeting were invited to still express their views on various levels of optimization and efficiency in the cardiovascular system. The added contributions of H. Kammermeier (University of Aachen) and G. Heusch and J. Schipke (University of Essen and Düsseldorf) represent very valuable extensions to these proceedings.

For the convenience of the readers a brief summary of the contents of this anthology is provided below:

In his welcome address Thomas Kenner reminded the participants of the inspiring role of the late Kiichi Sagawa in advancing understanding of integrated cardiovascular physiology and promoting the idea of viewing such research within the broader framework of biologic phenomena. Further historical perspective is provided by noting key contributions of other cardiovascular physiologists and famous scientists in Graz.

Daniel Burkhoff in his introduction gave an overview of the hierarchy of cardiac function, metabolism, and structure from the microscopic to the macroscopic level and its pertinence for understanding energy balance in the cardiovascular system.

Kenneth Schaffner presented an overview of a philosophy of science approach to defining efficiency for biological systems. His contribution on philosophical aspects developed six themes which might be thought of as helpful in approaching the notion of efficiency for biological systems. He dealt with a) the importance of definitions in trying to analyze the processes of complex systems, b) stressed the advantages of a more flexible form of theory structure, and c) pointed to the looseness of the relationship between theory and experiment. In addition, d) he suggested that we may have to have many different ways in which we try to pin down our theories and that certain concepts will involve reduction and other co-evolution. He outlined e) the possibility of a fruitful way of bringing together and advancing scientific discoveries by interrelating various levels. Finally, f) Dr. Schaffner spoke of his uneasiness with conceiving evolutionary theory in terms of optimization and applying it under this conception to contemporary cardiology.

Helmut Kammermeier, who was not able to attend, contributed a chapter on the efficiency of energy conversion from metabolic substrates and oxygen to ATP.

Peter Backx surveyed some aspects of myocardial efficiency as viewed from thermodynamics and statistical mechanics. In general, thermodynamic definitions of efficiency, while providing absolute measures of efficiency, do not themselves lend any insight into the underlying mechanisms of contraction. In fact, as noted by Suga (for details see contribution by H. Suga), the work done by the cardiac muscle does not correlate as well with O_2 consumption (energy cost) as it does the pressure-volume-area. The understanding of the mechanism of this experimental fact represents a major challenge to various theories of contraction such as the crossbridge theory. In general, molecular theories, such as the crossbridge theory, must be constructed in a manner consistent with the laws of thermodynamics. This can be achieved by using the laws of statistical mechanics which also provide easily understood expressions for the efficiency of the contractile system.

Norman Alpert and colleagues addressed the question of how the heart adapts to the varying demands imposed on it in daily life and under stressed conditions. The mechanics and energetics of skeletal muscle contraction were examined in muscles among different species specialized for specific tasks and in muscles within a given species that are specialized for different tasks. They suggest that the different strategies which evolved in nature to allow skeletal muscles to adapt optimally to their specific tasks are used in heart muscle as it adapts to certain stresses. The arguments presented revolve around the notion of »economy« of muscle contraction, which indicates the relation between the isometric tension-time integral and the tension-dependent heat production during a twitch. They also show how economy varies with inotropic stimulation and the type of myosin isoform present.

Hiroyuki Suga spoke on the ventricular perspective of efficiency. He outlined in his lecture that there are many definitions of efficiency. Mechanical work efficiency (i.e., stroke work divided by O_2 consumption) is the most popular and conventional. However, he reviewed the concept of how to quantify the total mechanical energy generated by ventricular contraction using an index called »systolic-pressure-volume area« (PVA) derived from the ventricular pressure-volume diagram. He found a linear relation between PVA and oxygen consumption under various loading conditions in a stable contractile state. The slope of the VO_2-PVA relation represents the »oxygen cost of mechanical energy« and its reciprocal indicates the »contractile efficiency«, i. E. The energy conversion efficiency from oxygen to PVA. This efficiency was 40 % of the average and independent of various inotropic interventions. Dr. Suga also addresses the question of why one arrives at seemingly disparate physiologic conclusions when energetics are viewed in terms of »economy« and when they are viewed in terms of efficiency.

Samuel Sideman in his lecture on the integrated heart: »From Micro to Macro and Back«, showed that anatomical findings as well as theoretical considerations indicate that the myocardial fibers lie among minimal length geodesics of the left ventricular wall. Based upon this knowledge, he showed that the energy spent by the actively contracting fibers during systole as well as the passive fiber stress developed during diastole are minimized in comparison with any other possible fiber configuration. Subsequently, it is concluded that for a given succession of left ventricular states, fiber-shortening course and hence amount of mechanical work are uniquely determined.

Kenji Sunagawa devoted his talk to the question of optimal coupling of the left ventricle with the arterial system. He suggests that in normal dogs, external work of the left ventricle is nearly maximal regardless of the level of physical activity. At the same time, metabolic energy required to generate cardiac output to meet peripheral demand was minimal. This suggests that under normal conditions not only is external work maximized but so too is efficiency. On the other hand, once the heart is unable to respond normally to the regulatory system, the optimality of ventriculoarterial coupling would not be maintained. These unique features of ventriculoarterial coupling are teleologically sound. However, it is still not certain whether these optimizations are »intended«, in an evolutionary sense, by the cardiovascular regulatory system or a simple coincidence.

Gerd Hasenfuß and colleagues devoted their contribution to the question of myocardial adaptation to stress from the viewpoint of evolution and development. They emphasized that myocardial adaptation includes reorganization of subcellular systems. As in the earlier presentation by Dr. Norman Alpert, contractile protein properties were assessed via the force-time integral of the individual cross-bridge cycle, calculated from heat and force data. Changes in the contractile protein system were demonstrated across the species and as a consequence of hemodynamic and hormonal stresses in isometrically contracting muscle strips. A close relationship was revealed between cross-bridge force-time integral and myocardial function within and across species. They suggest that this correlation implies that alterations of cross-bridge force-time integral reflect an important mechanism of subcellular adaptation to stress from a mechanical point of view. Moreover, they argue that alteration of the cross-bridge force-time integral has pronounced effects on energy consumption in the different types of myocardia.

Gerd Heusch and Jochen Schipke discussed the matching between blood flow and function of a regional level under various states of perfusion. It is suggested that while the notion of a balance between global myocardial perfusion and global function is generally applicable under normal conditions, it remains unknown whether there is a precise matching of energy supply and demand on a macroscopic level. Furthermore, they point out that the traditional views pertaining to the adverse effects of ischemia are being modified by recognition of the »hibernating« state.

Mark Noble and Angela Drake-Holland devoted their contribution to the question: Do the cardiac nerves optimize efficiency? They concluded that at some time in evolution, a role of the nerves in increasing myocardial metabolic efficiency is compatible with the results of experiments on chronic denervation of the dog heart. There is no information on which to base a hypothesis concerning the point in evolution at which this phenomenon developed, or which evolutionary pressures were involved. Drs. Noble and Drake-Holland assumed, from logical considerations, that if the same phenomenon is confirmed in man, it would not be due to evolutionary pressure on the human species. Rather, one might prefer to postulate that it is a phenomenon inherited from primeval ancestors.

Edward Lakatta concerned himself with the question of whether myocardial adaptations may be seen as a normal consequence of aging, such that efficiency is optimized to the needs of each stage of life.

All of the contributions briefly mentioned above dealt with myocardial efficiency and optimization from the viewpoint of scientists. Wolfgang Deppert in his talk and Hans Poser in his discussion remarks concentrated on notions of efficiency and energetics from the viewpoint of philosophy of science and theoretical physics and the inherent terminological and conceptual difficulties. Wolfgang Deppert especially asked the question: Is the deduction of natural laws from extremum principles compatible with the idea of evolutionary optimization? Extremum principles are criteria to uniquely determine the natural law-like behavior out of a continuum of possible sequences of events. Deppert concludes that evolutionary developments are declared as being optimal by means of an arbitrary goal-setting.

Karl Acham dealt with the relationships and concepts of maximizing, satisficing and optimizing in the social sciences, outlining that it has proved useful to distinguish between the terms »effectivity« and »efficiency«. This distinction is not only applicable in social sciences but is a general feature of matters regarding the rationality of means with respect to certain ends. Therefore, the distinction between the functional and the goal-oriented aspect of any activity or physiological process may be of some importance also for considerations concerning the investigation of the cardiovascular system.

What conclusion can we now draw with regard to myocardial efficiency and optimization?

Optimality models have been quite popular in the literature of evolutionary biology, but have not been extensively used in discussions of human physiology or in the other medical sciences. There does seem to be, however, a growing interest in such models in cardiovascular research. For example, a search in Medline using the terms »optimization« and »efficiency« shows that these have appeared with increasing frequency during recent years. This symposium also attests to that fact.

An optimality model in evolutionary biology will identify two components: The first component is a characteristic which maximizes fitness. This may for example be prey-size and the argument is that a larger prey increases fitness because it is more energy efficient. This component identifies the design problem: How should the organism be designed in order to maximize fitness? The second component is a set of feasible solutions to the design problem. An optimality model shows that the solution realized by the organism is the one which maximizes fitness, or is optimal given the constraints of the physically feasible values.

It is still controversial whether such optimality models should be regarded as valid scientific theories. Ken Schaffner in this volume discusses some of the reasons for this. Recent developments in cardiovascular physiology, such as the phenomena of downregulation and hibernating myocardium, may, however, indicate that it is fruitful to pay more attention to how physiological processes contribute to optimal performance under a variety of conditions.

This volume does not represent a thorough philosophical discussion of optimality models in the medical sciences. We have simply made available material which may form the basis for future discussions in the philosophy of medicine. Many of the contributions do point out a number of optimality models which could be studied by philosophers of science. Sunagawa, for example, showed that the heart is coupled to the circulatory system in such a way that the external work of the left ventricle is nearly maximum, and Sideman showed that the myocardial fiber configuration is such that the energy spent during contraction is minimized. We hope that this volume will stimulate further explorations of the role of optimality models in cardiovascular medicine.[3]

Annotations

1. »Car examinent les fonctions ... être on ce corps, j'y trouvais exactement toutes celles qui peuvent être en nous sans que nous y pensions ... et qui toutes les mêmes en quoi peut dire que les animaux sans raison nous ressemblent ...« (Descartes, Discours de la Méthode, 5. part., p. 46, 1902).

2. »Je suppose que le corps n'est autre chose qu'une statue ou machine de terre« (Descartes, Traité de l'homme, 1909, p. 120). But here arises a matter of interpretation. H. Poser suggests, contrary to the interpretation by Wolfgang Deppert and Brigitte Lohff given above, that one cannot infer from Descartes' text a general permission for animal experimentation. The argumentation is more subtle because in Descartes' opinion animals do not own a soul, which is in accordance with the ecclesiastical dogma.

3. In a related approach, Elzinga and Westerhof, 1991, discuss »... the property through which the heart tends to meet the demands of the body with a minimum size during its evolution, as assumed here, appears to be inherent to the myocytes. It would be of great interest to see its genetic basis identified.« (G. Elzinga, N. Westerhof, p. 1499, 1991).

References

Beatty, J., Optimal design models and the strategy of model building in evolutionary biology, Philosophy of Science 47: 532–561 (1980)

Descartes, R., Discours de la Méthode pour bien conduire sa raison et chercher la vérité dans les sciences. In: Œuvres de Descartes publiées par Ch. Adams et P. Tannery. Vol. VI, Paris: L. Cherf (1902)

Descartes, R., Le monde: Traité de l'homme. In: Oeuvres de Descartes publiées par Ch. Adams et P. Tannery. Vol. IX, Paris: L. Cherf (1909)

Duesberg, P. H., Human immunodeficiency virus and acquired immunodeficiency syndrome: Correlation but not causation. Review. Proceedings Natl. Acad. Sci USA 86: 755–764 (1989)

Elzinga, G., Westerhof, N. Matching between ventricle and arterial load. An evolutionary process. Special article. Circulation Research 68: 1495–1500 (1991)

Maddox, J. AIDS research turned upside down. Nature 353: 297 (1991)

Mayr, E. Toward a new philosophy of biology: Observations of an evolutionist. Belknap Press Cambridge, Mass. (1988)

Simpson, G. G. This view of life. Harcourt, Brace and World, New York (1964)

The preface was edited, written, compiled and corrected with the help and support of Daniel Burkhoff, New York; Wolfgang Deppert, Kiel/Hamburg; Edward Lakatta, Baltimore; Reidar K. Lie, Oslo; Brigitte Lohff, Kiel; M. I. M Noble, London; Hans Poser, Berlin; Jochen Schaefer, Bad Orb; Kenneth Schaffner, Washington; Jochen Schipke, Düsseldorf; W. A. Seed, London; Rein Vos, Groningen; David T. Yue, Baltimore, and has before going to press been subjected to the critical comments of the participants of the symposium.

Acknowledgements: We thank Brigitte Schaefer who helped prepare the manuscripts for publication and Tim Schaefer for using his expert computer-technical know-how to get the manuscripts ready for print. Mr. A. C. M. Renirie, Dieren, The Netherlands, Ulrich and Raimund Freund, Reha-Kliniken Küppelsmühle Bad Orb and especially Dr. med. Hans-Oskar Schäfer, Berlin, provided essential financial support without which it would not have been possible to organize the symposium and to finance the publication. All of them deserve special thanks.

Program

The proceedings of this meeting were published as: »Myocardial Optimization and Efficiency, Evolutionary Aspects and Philosophy of Science Considerations«, edited by D. Burkhoff, J. Schaefer, K. Schaffner, D. T. Yue, Darmstadt, 1994. The contents of this book which you will find in the following represent the program of the Fifth Symposium.

Participants

o. Univ. Prof. Dr. Karl Acham, Karl-Franzens-Universität Graz, Institut für Soziologie, Abteilung für Soziologische Theorie, Ideengeschichte und Wissenschaftslehre, Heinrichstraße 106/I/10, 8010 Graz, Austria

Norman R. Alpert, Ph. D., Professor and Chairman, Dept. Of Physiology and Biophysics, University of Vermont College of Medicine, Burlington, VT 05405, USA

Peter Backx, Ph. D., Assistant Professor, Division of Cardiology, The Johns Hopkins University School of Medicine, Baltimore, M. D. 21205, USA

Dan Burkhoff, M. D., Ph. D., Assistant Professor, Division of Cardiovascular Physiology, Milstein 5-435, Columbia Presbyterian Hospital, 177 Fort Washington Avenue, New York, NY 10032, USA

Priv.-Doz. Dr. Wolfgang Deppert, Philosophisches Seminar der Christian-Albrechts-Universität zu Kiel, Leibnizstraße 6, 24118 Kiel, Germany

Angela Drake-Holland, Ph. D., Academic Department of Medicine, Charing Cross & Westminster Medical School, Westminster Hospital, 369 Fulham Road, London SW 10 9 NH, England

Dr. med. Franz Ebner, Leiter Herz/Kreislauf, Bayer AG, Pharma-Forschungszentrum, 42096 Wuppertal, Germany

Michael R. Franz, M. D., Associate Professor of Medicine and Pharmacology, Cardiology Division, 5th Floor PHC Building, Georgetown University School of Medicine, 3800 Reservoir Road, NW, Washington, DC 20007, USA

Priv.-Doz. Dr. G. Hasenfuß, Medizinische Universitätsklinik Freiburg/Brsg., Hugstetter Straße 55, 79106 Freiburg/Brsg., Germany

[Prof. Dr. med. Gerd Heusch, Direktor, Abteilung für Pathophysiologie, Zentrum für Innere Medizin, Medizinische Klinik und Poliklinik, Universitätsklinikum Essen, Hufelandstraße 55, 45147 Essen, Germany]

Priv.-Doz. Dr. Christian Holubarsch, Medizinische Klinik der Albert-Ludwigs-Universität zu Freiburg/Brsg., Hugstetter Straße 55, 79106 Freiburg/Brsg., Germany

Prof. Dr. Dr. Peter Hucklenbroich, Medis Institut der GSF, Ingolstädter Landstraße 1, 85764 Oberschleißheim, Germany

Mathias Kaiser, Ph. D., Research Associate, Senter for Medisinsk Etikk, University of Oslo, Gaustadalléen 21, 0371 Oslo 3, Norway

Prof. Dr. med. H. Kammermeier, Lehrstuhl für Physiologie, Medizinische Fakultät der RWTH, Pauwelstraße 30, 52057 Aachen, Germany

o. Univ. Prof. Dr. Thomas Kenner, Vorstand des Physiologischen Instituts der Karl-Franzens-Universität Graz, Harrachgasse 21/V, 8010 Graz, Austria Martin Kernburg, Ph. D., M. D., 1327 Walker Street, San Francisco, CA 94117, USA

Edward Lakatta, M. D., Professor, National Institutes on Aging, Gerontology Research Center, Francis Scott Key Medical Center, Baltimore, M. D. 21224, USA

Reidar Lie, M. D., Ph. D., Professor of Medical Ethics, and Director, Center for Medical Ethics, University of Oslo, Gaustadalléen 21, 0371 Oslo 3, Norway

Priv.-Doz. Dr. Brigitte Lohff, Institut für Geschichte der Medizin und Pharmazie der Christian-Albrechts-Universität zu Kiel, Brunswiker Straße 2, 24105 Kiel, Germany

Prof. M. I. M. Noble, D. Sc., Ph. D., M. D., FRCP, FESC, Weston Professor of Cardiovascular Medicine, Academic Department of Medicine, Charing Cross & Westminster Medical School, University of London, Westminster Hospital, 369 Fulham Road, London SW 10 9 NH, England

Josef Parvizi, medical student, Senter for Medisinsk Etikk, University of Oslo, Gaustadalléen 21, 0371 Oslo 3, Norway

Priv.-Doz. Dr. Karl Pfeiffer, Physiologisches Institut der Karl-Franzens-Universität Graz, Harrachgasse 21/V, 8010 Graz, Austria

Prof. Dr. Hans Poser, Institut für Philosophie, Wissenschaftstheorie, Wissenschafts- und Technikgeschichte der Technischen Universität Berlin, Ernst-Reuter-Platz 7, 10587 Berlin, Germany

Brigitte Schaefer, International Institute for Theoretical Cardiology, Am Orbtal 1, 63619 Bad Orb, Germany

Dr. med. Daniel Schaefer, stud. Phil., Städtisches Krankenhaus Berlin-Neukölln, Pathologisches Institut, Rudower Straße 48, 12313 Berlin, Germany Prof. Dr. med. Jochen Schaefer, International Institute for Theoretical Cardiology, Am Orbtal 1, 63619 Bad Orb, Germany

Tim Schaefer, stud. med., International Institute for Theoretical Cardiology, Am Orbtal 1, 63619 Bad Orb, Germany

Kenneth Schaffner, Ph. D., M. D., University Professor, Medical Humanities, The George Washington University, 714 T Gelman Library, Washington, DC 20052, USA

Priv.-Doz. Dr. rer. nat. Jochen D. Schipke, Institut für Experimentelle Chirurgie, Heinrich-Heine-Universität Düsseldorf, Moorenstraße 5, 40225 Düsseldorf, Germany

Prof. W. A. Seed, M. D., Ph. D., Charing Cross and Westminster Medical School, University of London, Department of Medicine, Charing Cross Hospital, Fulham Palace Road, London W6 8RF, England

Prof. Samuel Sideman, Ph. D., The Roy J. Mates/Winnipeg Chair in Biomedical Engineering, Technion Israel Institute of Technology, Technion City, Haifa 32 000, Israel

Hiroyuki Suga, M. D., D. M. Sc., Professor, Department of Physiology II, Okayama University Medical School, 5-7-1- Fujishirodai, Suita, Osaka, 565, Japan

Dr. Rein Vos, Ph. D., M. D., Assistant Professor, Social Pharmacy and Pharmacology Group, Institute of Pharmacy, Universitair Centrum voor Farmacie, University of Groningen, A. Deusinglaan 2, 9713 AW Groningen, The Netherlands

Myron L. Weisfeldt, M. D., Samuel Bard, Professor of Medicine, Chair, Department of Medicine, Director, Medical Service, Head, Cardiovascular Center, College of Physicians and Surgeons of Columbia University, The Presbyterian Hospital in the City of New York, 630 West 168th Street, New York, NY 10032-3784, USA

David T. Yue, Ph. D., M. D., Associate Professor, Department of Biomedical Engineering, The Johns Hopkins University, 720 Rutland Ave, Baltimore, M. D. 21205, USA

*) Co-authors of the contribution of Hiro Suga who did not attend: Yoichi Goto, Osamu Kawaguchi, Katsuya Hata, Tishoyuki Takasago, Akio Saeki, Tad W. Taylor

*) Co-authors of the contribution of Kenji Sunagawa who did not attend: Masaru Sugimachi, Koji Todaka, Toru Kobota, Kiyoshi Hayashida, Ryoichi Itaya, Chishaki Akiko, Akira Takeshita

*) Co-authors of the contribution of Samuel Sideman who did not attend: A. Horowitz, M. Perl

*) Co-authors of the contribution of Norman R. Alpert and Gerd Hasenfuß who did not attend: Louis A. Mulieri, Edward M. Blanchard, Hansjörg Just [...]: did not attend

*Von links nach rechts: 1. Reihe: B. Schaefer; J. Schaefer; D. T. Yue;
A. Drake-Holland; H. Suga; Th. Kenner; 2. Reihe: ?; P. Hucklenbroich;
H. Poser; J. Schipke; D. Schaefer; M. I. M. Noble; W A. Seed;
M. R. Franz; M. Kernburg; K. Sunagawa; 3. Reihe: ?; W. Deppert;
J. Parvizi; E. Lakatta; ?; D. Burkhoff; ?; N. Alpert; 4. Reihe: F. Ebner;
R. Lie; P. Backx; S. Sideman; G. Hasenfuß; K. Schaffner; ?;
M. Weisfeldt; K. P. Pfeiffer; B. Lohff; C. Holubarsch; K. Acham*

*A. Drake-Holland; K. Schaffner; K. Acham; Th. Kenner;
C. Holubarsch; M. I. M. Noble; J. Schaefer; H. Suga; H. Poser;
D. Burkhoff; M. Kernburg*

M. Weisfeldt hält Tischrede auf J. Schaefer

IIfTC-Bücherausstellung und Kaffeepause in der Wandelhalle

Angeregte Gesprächsrunden

The Modern Clinical Trial: Is it Compatible with Common Sense? (VI. Symposium: 20.– 21.09.1991, London)

The idea of the conference arose from the feeling of deepening dissatisfaction among academic cardiologists about the loss of many valuable approaches to new treatment caused by the dead-weight of randomized, double-blind, multicenter clinical trial using orthodox statistical methods and restricted inclusion and exclusion criteria – the standard trial. The dead-weight is made up of a mass of rigid dogmata shared between statisticians, the pharmaceutical industry, and regulatory authorities. There appears to be little attempt to test the validity of this dogma, or to explore alternative hypotheses. One obvious disadvantage of the present system is the need for prospective multicenter trials with (tens of) thousands of patients. Participation in such trials soon shows that they are flawed by heterogeneity of diagnosis, patient type, physician management etc.

Our question for this conference is: »What alternative is there that avoids these problems?« We might also ask: »Is it really the case that non-standard ways of doing clinical trials give us less reliable results?.«– »Can the result of the standard trial be applied to the individual patient, and if not – is it of any use?« – »What does the standard trial tell us about the general safety of a drug?« – »What role do other sources of knowledge have (eg. from pathophysiology, from clinical experience, etc.)?«

In order to stimulate discussion at the conference we have prepared some questions and points which we would like to explore. These are:

Alvan Feinstein has recently stated that: »Medical historians two centuries from now will surely marvel at the peculiar scientific policies of national and international research leaders in the late twentieth century who invested all their intellectual and often emotional energy in developing randomized trials, while giving little or no scientific attention to the many questions that cannot be answered with randomized trials and that require nonrandomized forms of investigation.« (Drug Res. 1989, 39: 982) Is it the case that too much research attention is being given to clinical trials? Should we rather pursue other forms of investigation? What might these be, generally and in detail?

One obvious disadvantage of the present system is the need for prospective multicenter trials with (tens of) thousands of patients. It has been claimed that participation in such trials shows that they are flawed by heterogeneity of diagnosis, patient type, physician management etc. To what an extent is this a problem for the typical clinical trial?

Are there non-standard ways of doing clinical trials (such as Bayesianism) which are capable of giving us swifter as well as more reliable results, or is this not the case?

Can the results from the standard trial be applied to patients having widely varying characteristics, such as suffering from concomitant diseases?

What role do other sources of knowledge have (eg from pathophysiology, from clinical experience etc.)?

Should post-marketing surveillance of drug safety perhaps be made more systematic rather than continuing to insist on strict rules for initial approval of drugs? This may be used to reassess the effectiveness of the drug in light of the knowledge accumulated over several years.

Program

Friday, September 20, 1991 (Chairman: M. I. M. Noble)

14.00 Uhr	Welcome and Introduction
14.15 Uhr	Clinical Trials: Problems and Solutions (A. Feinstein)
14.40 Uhr	Discussion
15.00 Uhr	Introduction to Philosophies of Clinical Trials (Ken Schaffner)
15.10 Uhr	A Clinical Trial Design based on Medical Opinions (J. B. Kadane)
15.35 Uhr	Discussion
16.00 Uhr	Tea
16.30 Uhr	AIDS: What lessons can be learnt for Cardiology? (S. Barton)
17.15 Uhr	The LSE Conference: Statistical problems (P. Urbach)
17.40 Uhr	Discussion
19.00 Uhr	Dinner

Saturday, September 21, 1991 (Chairman: J. Schaefer)

09.00 Uhr	The role of Meta-Analysis (J. Greenhouse)
09.25 Uhr	Discussion
10.00 Uhr	Linguistic Perspectives on Scientific Observations (D. Evans)
10.25 Uhr	Discussion

11.00 Uhr	Coffee
11.40 Uhr	Intention to start versus intention to continue (J. Lubsen)
11.55 Uhr	Discussion
12.15 Uhr	The epidemiology of Psychotherapeutics (R. Farmer)
12.30 Uhr	Discussion
13.00 Uhr	Lunch

Chairman: W. A. Seed

14.00 Uhr	General Discussion: »Let's all have a moan about the FDA rules«
14.30 Uhr	Matching Clinical Trial Philosophy to Sponsor Requirements (P. Hugenholtz)
14.55 Uhr	Discussion
15.15 Uhr	Sociological and cultural aspects of Clinical Trials (R. Vos)
15.40 Uhr	Discussion
16.00 Uhr	Tea
16.30 Uhr	Some Methodological Aspects Concerning the Clinical Design of Kadane et al. (T. Seidenfeld)
16.55 Uhr	Discussion
17.15 Uhr	Future advancement of Cardiological Therapies (J. Cohn)
17.40 Uhr	Discussion
19.00 Uhr	Informal Dinner

Participants

Dr. S. Barton, Charing Cross and Westminster Medical School, University of London, London

Prof. J. N. Cohn, Department of Medicine, Cardiovascular Division, University of Minnesota, Minneapolis MN 55455, USA

[Dr. B. Davies, Medicine Control Agency, Department of Health, Market Towers, 1 Nine Elms Lane, London SW8 5NQ, United Kingdom]

Dr. Angela Drake-Holland, Academic Unit of Cardiovascular Medicine, Charing Cross and Westminster Medical School, London SW 1P 2AR, United Kingdom

Dr. Simon Dubney, Academic Unit of Cardiovascular Medicine, Charing Cross and Westminster Medical School, London SW 1P 2AR, United Kingdom

Professor Dr. D. A. Evans, Department of Philosophy, Carnegie Mellon University, Pittsburgh, PA 15213, USA

Prof. R. Farmer, Dept. Of Public Health and Epidemiology, Charing Cross and Westminster Medical School, London, United Kingdom

Prof. A. R. Feinstein, Dept. Of Medicine & Epidemiology School of Medicine, New Haven, Connecticut, USA

Professor Dr. Joel Greenhouse, Department of Statistics, Carnegie Mellon University, Pittsburgh, PA 15213, USA

Dr. Suzanna M. C. Hardman, Department of Medicine, Charing Cross Hospital, School of Medicine, Fulham Palace Road, London W6 8RF, England Prof. Dr. P. Hugenholtz, Consultant SOCAR, Nyon, Switzerland

Dr. John Hynd, Academic Unit of Cardiovascular Medicine, Charing Cross and Westminster Medical School, London, United Kingdom

[Dr. D. Jeffreys, Director MCA, Dept. Health, London, England]

Prof. Dr. J. Kadane, College of Humanities & Social Sciences, Carnegie Mellon University, Pittsburgh, PA 15213, USA

Professor Dr. Reidar Lie, M. D., Ph. D., Senter for medisinsk etikk, Universitetet i Oslo, Gaustadalléen 21, N-0371 Oslo, Norway

Prof. Dr. J. Lubsen, Scientific Director SOCAR, Nyon, Switzerland

Dr. Garry MacDonald, Medical Director, BAYER UK Limited, BAYER House, Pharmaceutical Business Group, Newbury Berkshire, RG13 1JA, United Kingdom

Mr. K. MacRae, Reader in Medical Statistics, Dept. Medicine, Charing Cross Medical School, and Hospital, London, United Kingdom

Prof. Dott. Filippo Milazzotto, Coronary Care Unit, S. Camillo Hospital, 00152 Roma, Italia

[Dr. Conrad Murphy, Department of Cardiology, Westminster Hospital, London, England]

Dr. Nicol, Sterling-Winthrop Company, London, United Kingdom

Prof. Mark I. M. Noble, Weston Professor of Medicine, Academic Unit of Cardiovascular Medicine, Charing Cross and Westminster Medical School, Horseferry Road, London, United Kingdom

Mr. Josef Parvizi, Medical student, Center for Medical Ethics, University of Oslo, Oslo, Norway

Brigitte Schaefer, IIfTC, 6482 Bad Orb, Germany

Dr. med. Daniel Schaefer, Pfalzburger Straße 48, 1000 Berlin 31, Germany stud. med. Tim Schaefer, IIfTC, 6482 Bad Orb, Germany

Prof. Dr. Kenneth Schaffner, The George Washington University, University Professor of Medical Humanities, T. Gelman Library, Room 714, Washington D. C., USA

Dr. Mary Seed, Dept. Of Medicine, Charing Cross and Westminster Medical School, London, United Kingdom

Prof. W. A. Seed, Dept. Of Medicine, Charing Cross and Westminster Medical School, London, United Kingdom

Prof. Dr. T. Seidenfeld, Head, Department of Philosophy, Carnegie-Mellon University, Pittsburgh, PA 15213, USA

Prof. Dr. Jan Helge Solbakk, Center for Medical Ethics, University of Oslo, Oslo, Norway

Dr. Marco Tubaro, Coronary Care Unit, S. Camillo Hospital, 00152 Roma, Italia

Prof. Peter Urbach, Centre for Philosophy of the Natural and Social Sciences, London School of Economics and Political Science, Houghton Street, London WC2A 2AE, United Kingdom

Dr. R. Vos, Dept. Of Pharmacology and Therapeutics, University of Groningen, Groningen, The Netherlands

[Prof. D. A. Wood, Dept. Of Clinical Epidemiology, National Heart and Lung Institute, London, United Kingdom]

[...]: final participation could not be ascertained

Foundational Issues in Molecular Cardiology. New Avenues at the Interface of Molecular Biology and Cardiology (VII. Symposium: 17.–18.06.1994, Groningen, Netherlands)

The past decade has witnessed rapid progress in the field of cardiovascular research. New concepts and methodologies from cellular, developmental and molecular biology have been introduced, notably techniques of mutating molecules and studying their function *in vitro* and experimental models of transgenic animals. Awareness increasingly grows that there is an urgent need of integrating the new molecular approaches with traditional approaches in physiology and pharmacology.

An editorial in the renowned journal *Circulation Research* stated: »This combination of the reductive power of cellular and molecular biology together with integrative strength of organ and whole animal physiology presages the dawn of a new, more productive era for cardiovascular science. [...]. To take full advantage of the potential of this new integrative approach will require a combination of skills that now are, for the most part, in the realm of different groups of investigators« (Nadal-Ginard, B. [ed.]. Cellular and molecular biology of the cardiovascular system. Circulation Research; 71: 1–2, 1992).

How should we conceive this integrative approach? Is it a process of synthesis in which elements from both sides are put together? Or is it more like, as often is suggested, a one-way process in which ›non-molecular‹ fields of science have to accept the rapid progress in molecular biology? What kind of skills are involved and how to communicate these?

We feel these questions have a deeper foundational basis, particularly so because new communication processes in medicine have to be created. The issue is whether the new science of molecular biology addresses questions and problems in such a way that the clinical scientists as well as the cardiologists have to provide other kinds of clinical information in order to develop basic concepts. If so, then concepts and methodologies in clinical medicine have to fundamentally change, not merely to adjust its practice to the progress in the basic sciences, but particularly to contribute actively to developments within the science of molecular biology.

This tension at the interface of basic science (molecular biology) and clinical medicine (specifically cardiology) raises deep foundational issues. The implications of the ›molecular turn‹ in medicine are wide-spread – in scientific, ethical and educational respect.

The theme of this symposium fits the goal of the International Institute for Theoretical Cardiology to create a forum for examining controversies in cardiology with special focus upon their philosophical, historical and epidemiological dimensions, and to determine whether insight into resolving such controversies can be obtained by evaluating the axiomatic foundation underlying the disputes.

The purpose of this meeting is to bring together philosophers and historians of science and medicine with scientists working in the field of cardiovascular research and clinical cardiology to discuss the problems involved in fostering molecular biology approaches in cardiology.

Program

June 17, 1994, Program at the University Center for Pharmacy, A. Deusinglaan 2

15.00–16.30 Uhr	Reception with bread and soup at the University Center for Pharmacy, A. Deusinglaan 2
16.30–16.35 Uhr	Welcome (Rein Vos)
16.35–17.20 Uhr	Information Flow from Genes (DNA) to Protein Structure: New Concepts (Knud Nierhaus)
17.20–17.30 Uhr	Comments of a cardiologist (Jochen Schaefer)
17.30–17.50 Uhr	Discussion
17.50–18.00 Uhr	Short break for coffee
18.00–18.45 Uhr	The Complexity of Medical Knowledge in Molecular Cardiology (Ken F. Schaffner)
18.45–18.55 Uhr	Comments of a philosopher of science (William Bechtel)
18.55–19.15 Uhr	Discussion
19.15–19.30 Uhr	Walk to the Schimmelpenninckhuys, Oosterweg 53
19.30–20.15 Uhr	Reception at the Schimmelpenninckhuys, Oosterweg 53

June 18, 1994, Program at the Nautical Museum Groningen, Brugstraat 24–26

10.00–10.15 Uhr	Inspirations from a Molecular Biology Lecture: Impressions of a Philosopher of Medicine (Evert van Leeuwen)
10.15–10.30 Uhr	Discussion
10.30–10.45 Uhr	Inspirations from a Philosophy of Medicine: Impressions of a Cardiophysiologist (Eric O. Feigl)
10.45–11.00 Uhr	Discussion
11.00–11.30 Uhr	The Causes of Inherited Cardiac Disease: Hypertrophic Cardiomyopathy (Hans-Peter Vosberg)
11.30–11.45 Uhr	Discussion
11.45–12.15 Uhr	From Cancer Research to Molecular Biology: The Emergence of Transfer RNA. With Some Remarks on Philosophy of Science (Hans-Jörg Rheinberger)
12.15–12.30 Uhr	Discussion
12.30–13.00 Uhr	Conceptual Changes and their Implication for the Meaning of Health and Disease. A Philosophy of Medicine View on Molecular Biology and Cardiology (Evert van Leeuwen, Rein Vos)
13.00–13.15 Uhr	Discussion
13.15–14.15 Uhr	Lunch at the Korenbeurs, Haddingestraat 13
14.30–16.30 Uhr	Discussion Round 1 (Chair: Gijs Elzinga)
16.30–17.00 Uhr	Break
17.00–19.00 Uhr	Discussion Round 2 (Chair: Annemarie Mol)
19.00–20.30 Uhr	Enjoy yourself program
20.30 Uhr	Dinner at India Restaurant Group, Carolieweg 11a

Participants

Prof. Dr. William Bechtel, Department of Philosophy, Georgia State University, Atlanta, GA 30303-3083, USA

Prof. Dr. Gijs Elzinga, RIVM, Ant. V. Leeuwenhoeklaan 9, Postbus 1, 3720 BA Bilthoven

Prof. Eric O. Feigl, School of Medicine, Dept. Of Physiology and Biophysics, University of Washington, Seattle, WA 98195, USA

Dr. Wiek H. van Gilst, Cardiovascular Pharmacology, University of Groningen, Bloemsingel 1, 9713 BZ Groningen

Dr. Pieter De Graeff, Internal medicine, clinical pharmacology, Dutch Administration for the Licensing of Drugs, Internal Medicine, University Hospital of Groningen, Oostersingel 59, 9713 EZ Groningen

Dr. G. Jambroes, Cardiology, Dutch Heart Foundation, Kanaalweg 3, Postbus 300, 2501 CH Den Haag

Dr. Ralph Knöll, Max-Planck-Institut für Physiologische und Klinische Forschung, Abteilung für Experimentelle Kardiologie, Benekestraße 2, 61231 Bad Nauheim, Germany

Dr. Evert van Leeuwen, Ph. D., Dept. Philosophy of Medicine, Universiteit van Amsterdam, vd Boechorstraat 1, transit 1, 1081 BT Amsterdam, The Netherlands

Prof. Dr. Reidar K. Lie, M. D., Ph. D., Senter for medisinsk etikk, Universitetet i Oslo, Gaustadalléen 21, N-0371 Oslo, Norway

Prof. Dr. Brigitte Lohff, Ph. D., Institut für Geschichte der Medizin und Pharmazie, Christian-Albrechts-Universität zu Kiel, Brunswiker Str. 2, 24105 Kiel, Germany

Dr. Annemarie M. Mol, Ph. D., Philosophy of medicine, Rembrandtkade 39, 3583 TP Utrecht, The Netherlands

Dr. Gerhard Neitzke, Theorie und Geschichte der Medizin, Holtenauer Str. 78, 24105 Kiel, Germany

Prof. Dr. Knud Nierhaus, Max-Planck-Institut für molekulare Genetik, Ihnestr. 73, 1000 Berlin 33 (Dahlem), Germany

Prof. Dr. Hans-Jörg Rheinberger, Max-Planck-Institut für Wissenschaftsgeschichte, Wilhelmstraße 44, 10117 Berlin, Germany

Dr. Floor Rikken, Social Pharmacy and Pharmacoepidemiology, Dept. Of Pharmaceutical Pharmacology and Clinical Pharmacy, University of Groningen, A. Deusinglaan 2, 9713 AW Groningen, The Netherlands

Brigitte Schaefer, Internationales Institut für Theoretische Cardiologie (IIfTC), Am Orbtal 1, 63619 Bad Orb, Germany

Prof. Dr. Jochen Schaefer, M. D., Ph. D., Kardiologie, Direktor des Internationalen Instituts für Theoretische Cardiologie (IIfTC), Am Orbtal 1, 63619 Bad Orb, Germany

Tim Schaefer, Internationales Institut für Theoretische Cardiologie (IIfTC), Am Orbtal 1, 63619 Bad Orb, Germany

Prof. Dr. Ken F. Schaffner, M. D., Ph. D., Dept. Of Medical Humanities, Gelman Library, George Washington University, 2130 H Street NW, Washington DC, USA

Dr. Suzanne Schaper, Ph. D., Philosophie, Karlsruher Str. 3, 60329 Frankfurt (Main), Germany

Dr. Rein Vos, M. D., Ph. D., Social Pharmacy and Pharmacoepide-miology, Dept. Of Pharmaceutical Pharmacology and Clinical Pharmacy University of Groningen, A. Deusinglaan 2, 9713 AW Groningen, The Netherlands

Prof. Dr. H. P. Vosberg, Max-Planck-Institut für physiologische und klinische Forschung, Abteilung für experimentelle Kardiologie, Benekestraße 2, 61231 Bad Nauheim, Germany

Observators and/or Interested Experts

Prof. Dr. Th. Berkel, Dept. Of Clinical Biopharmaceutics, Sylvius Laboratories, University of Leiden, Postbus 9503, 2300 RA Leiden, The Netherlands

[Prof. Daniel Burkhoff, Division of Circulatory Physiology, Milstein 5-435, Colombia Presbyterean Hospital, 177 Fort Washington Avenue, New York, NY 10032, USA]

Drs. Harry J. G. M. Crijns, cardiologist, Cardiology, University Hospital of Groningen, Oostersingel 59, 9713 EZ Groningen, The Netherlands

Dr. Robert Dillmann, M. D., Ph. D., Ethical Affairs, KNMG – Royal Dutch Society for Medicine, p/a Geerdinkhof 13, 1103 PP Amsterdam, The Netherlands

Dr. A. M. J. A. Duchateau, Clinical Pharmacy, Central Hospital of Pharmacy, Hervensebaan 2, 5232 JL 's-Hertogenbosch, The Netherlands

Dr. J. J. P. Kastelein, cardiologist, Internal Medicine – Cardiology, Academic Medical Centre, Meibergdreef 9, 1105 AZ Amsterdam, The Netherlands [Prof. Dr. Arnold M. Katz, Cardiology Division, Department of Medicine, University of Connecticut, Farmington, CT 06032, USA]

[Prof. Laura Katz-Berger, Ph. D., Dept. Of Ecology and Systematics, Coursen Hall, Cornell University, Ithaca, NY 14853, USA]

Dr. K. E. Niezen-Koning, Biochemistry – Pediatrics, Academic Hospital Groningen, CMCU 4, 2nd Floor, Y21.09, Oostersingel 59, 9713 Groningen, The Netherlands

Prof. Dr. Thies Peters, Institut für Naturheilkunde, Universitätsklinikum Ulm, Helmholtzstraße 20, 89081 Ulm (Donau), Germany

Dr. W. J. Remme, cardiologist, STICARES, Cardiovascular Research Foundation, Cardiology, Academic Hospital, Rijks Universiteit Groningen, Oostersingel 59, 9713 EZ Groningen, The Netherlands

[Prof. Dr. J. Schaper, M. D., Ph. D., Max-Planck-Institut für physiologische und klinische Forschung, Abteilung für experimentelle Kardiologie, Benekestraße 2, 61231 Bad Nauheim, Germany]

[Prof. Dr. W. Schaper, M. D., Ph. D., Max-Planck-Institut für physiologische und klinische Forschung, Abteilung für experimentelle Kardiologie, Benekestraße 2, 61231 Bad Nauheim, Germany]

[Prof. D. T. Yue, Dept. Of Biomedical Engineering, Calcium Channel Research Laboratory, Richard S. Ross Research Building, Rutland Avenue, The Johns Hopkins University, Baltimore, M. D. 21205, USA]

[...]: could not attend

Molekulargenetik, Selbstheilungskräfte und Naturheilkunde – Versuch einer Synthese (VIII. Symposium: 6.–8.10.1995, Hannover)

Aus dem Einladungsschreiben

Wie Sie anhand der Programmabfolge sehen können, werden wir uns von den unterschiedlichen Aspekten her mit den verschiedenen Perspektiven auseinandersetzen, die unserem Forschungskonzept zugrunde liegen.

Der Freitagnachmittag ist dafür vorgesehen, die gegenwärtigen Konzepte und Theorien der molekulargenetischen und molekularbiologischen Grundlagen von Selbstheilungsmechanismen zu diskutieren. Mit diesen Erkenntnissen sollen die Beziehungen von Autoprotektionsmechanismen zu klinischen Fragestellungen und historische und medizintheoretische Überlegungen zu dem Konzept von Selbstheilungskräften im Rahmen des angestrebten interdisziplinären Forschungskonzepts beleuchtet werden. Der Samstag ist den Reviewern vorbehalten, die aus ihrem jeweiligen Expertenstatus den Kontext der Fragestellung kritisch kommentieren, ergänzen und vertiefen. Am Sonntag soll das Round-Table-Gespräch dazu dienen, die Überlegungen nochmals vor dem Hintergrund der vorangegangenen Diskussion zu erörtern und Themenbereiche aufzugreifen, wie z. B.: Zelluläre »Gesundheit«, Lebenserhaltungsmechanismen, Konsequenzen für das Gesundheits-Krankheits-Konzept (Salutogenese) und das aus dem Pathogenese-Konzept heraus entwickelte Therapieverständnis versus Naturheilverfahren.

Anfang September werden das endgültige Programm, die Teilnehmerliste und die letzte schriftliche Fassung unseres Forschungskonzepts zugestellt, sodass alle Teilnehmer den Ausgangspunkt unserer Diskussion zur Verfügung haben und die einzelnen Referenten darauf Bezug nehmen können.

Mit dem Programm und durch die Form des Ablaufs unseres Symposiums versprechen wir uns, bei dieser Thematik in eine fruchtbare und intensive Auseinandersetzung zu kommen. Wir haben in den letzten Monaten die Erfahrung gemacht, dass unser Konzept zu sehr kontroversen Ansichten Anlass gibt. Besonders kritisch wird der aus dem Konzept sich ergebende Zusammenhang von Autoprotektionsmechanismen und Salutogenese betrachtet. Auf jeden Fall sind einzelne Aspekte dieses Themenkomplexes (Salutogenese, Autoprotektion und

Reparaturmechanismen) in der aktuellen Diskussion, wenn man die Zeitschrift *Nature* daraufhin durchsieht.

Damit wir bei dieser komplizierten Thematik keine Sprachbarrieren zu überwinden haben, wird das gesamte Symposium in Deutsch abgehalten werden.

Brigitte Lohff

Programm

Freitag, 6.10.1995

13.00 Uhr	Anreise, Anmeldung
14.30 Uhr	Begrüßung, Einführung

1. Arbeitssitzung: Molekulargenetische, klinische und medizinhistorische Grundlagen

15.00–15.45 Uhr	Struktur, Stabilität und Faltung von Proteinen (R. Jaenicke)
16.00–16.45 Uhr	Proteinfaltung – die Rolle von *molecular chaperones* (U. Hartl) Diskussion, Kaffee
17.45–18.45 Uhr	Stressproteine und ihre Rolle in der Kardiophysiologie des Herzens (J. Schaefer) Der Begriff der Selbstheilungskraft: Ein historischer Exkurs (B. Lohff) Diskussion
20.00 Uhr	Gemeinsames Abendessen

Samstag, 7.10.1995

2. Arbeitssitzung: Reviewer-Runde

09.30–10.15 Uhr	Aus der Sicht des Kardiophysiologen: Genexpression nach kurzzeitigen myokardialen Ischämien (R. Knöll) Diskussion, Kaffee
11.00–11.45 Uhr	Aus der Sicht des Pharmakologen: Pharmazeutisch aktive Substanzen natürlichen Ursprungs:

Gründe ihrer spezifischen Wirksamkeit
(Th. Peters)
Diskussion, gemeinsames Mittagessen

3. Arbeitssitzung: Reviewer-Runde

16.00–16.45 Uhr   Aus der Sicht des Klinikers: Die Heilkraft der
                    Natur: Ein Ausleseprozess auf protein-
                    molekularer Ebene (K. Pirlet)
                    Diskussion und Kaffeepause
17.45–18.30 Uhr   Aus der Sicht des Wissenschaftsphilosophen:
                    Gesundheit und Krankheit im Rahmen einer
                    funktionellen Anthropologie (C. F. Gethmann)
                    Diskussion
20.30 Uhr   Gemeinsames festliches Abendessen

Sonntag, 8.10.1995

09.30 Uhr   1. Round-Table-Gespräch: Subzellulare Ebene
                    der Lebenserhaltungsmechanismen durch
                    Autoprotektionsmechanismen
                    (Moderation: K. H. Nierhaus)
                    Kaffeepause
11.00 Uhr   2. Round-Table-Gespräch: Salutogenese und
                    Selbstheilungskräfte
13.00 Uhr   Ende des Symposiums/Mittagessen/Abreise

Participants

Hinderk Conrads, Abteilung Geschichte, Ethik und Philosophie der
Medizin der Medizinischen Hochschule Hannover, Carl-Neuberg-
Straße 1, 30625 Hannover

Dr. Rainer Diehl und Frau Marita, LVA Hessen, Ärztlicher Direktor,
Städelstraße 28, 60596 Frankfurt

Jens Fabry, Lektorat Medizin, Steinkopff Verlag, Saalbaustraße 12,
64283 Darmstadt

Beate Fehlhaber, Abteilung Geschichte, Ethik und Philosophie der
Medizin der Medizinischen Hochschule Hannover, Carl-Neuberg-
Straße 1, 30625 Hannover

Prof. Dr. Carl Friedrich Gethmann, Institut für Philosophie, Universität und Gesamthochschule Essen, 45117 Essen

Prof. Dr. Ulrich Hartl, Howard Hughes Medical Institute, Research Laboratories, Memorial Sloan Kettering Cancer Center, Cellular Biochemistry and Biophysics Program, 1275 York Avenue, Box 520, New York 10012, USA

Ralf Hornig, Abteilung Geschichte, Ethik und Philosophie der Medizin der Medizinischen Hochschule Hannover, Carl-Neuberg-Straße 1, 30625 Hannover

Prof. Dr. Rainer Jaenicke, Institut für Biophysik und Physikalische Biochemie, Universität Regensburg, Universitätsstraße 31, 93040 Regensburg Prof. Dr. Thomas Kenner und Frau Brigitte, Physiologisches Institut der Karl-Franzens-Universität Graz, Harrach-Gasse 21, A-8010 Graz

Dr. Ralph Knöll, Max-Planck-Institut für Experimentelle Kardiologie, Benekestraße 2, 61231 Bad Nauheim

Prof. Dr. Reidar Lie, Department of Philosophy, Sydnesplass 9, 5007 Bergen, Norway

Prof. Dr. Brigitte Lohff, Abteilung Geschichte, Ethik und Philosophie der Medizin der Medizinischen Hochschule Hannover, Carl-Neuberg-Straße 1, 30625 Hannover

Dr. Gerald Neitzke, Allgemeines Krankenhaus St. Georg, Lohmühlenstraße 5, 20099 Hamburg

Prof. Dr. Knud Nierhaus, Max-Planck-Institut für molekulare Genetik, Ihnestraße 73, 14195 Berlin

Dr. Klaus-Jürgen Nordmann, Ärztlicher Direktor der Mühlenberg-Klinik, Frahms-Allee 1–7, 23714 Malente

Dr. Charlotte Pecenkovic, Rebenitzwinkel, 24106 Kiel

Prof. Dr. Thies Peters, Institut für Naturheilkunde, Universitätsklinikum, Helmholtzstraße 20, 89081 Ulm

Prof. Dr. Karl Pirlet, Hörmann-Str. 22, 82467 Garmisch-Partenkirchen

Dr. Martin Sack, Abteilung Psychosomatik und Psychotherapie der Medizin der Medizinischen Hochschule Hannover, Carl-Neuberg-Straße 1, 30625 Hannover

Brigitte Schaefer, Internationales Institut für Theoretische Cardiologie e. V., Am Orbtal 1, 63619 Bad Orb

Prof. Dr. Jochen Schaefer, Internationales Institut für Theoretische Cardiologie e. V., Am Orbtal 1, 63619 Bad Orb

Tim Schaefer, Abteilung Geschichte, Ethik und Philosophie der Medizin der Medizinischen Hochschule Hannover, Carl-Neuberg-Straße 1, 30625 Hannover

[Dr. Susanne Schaper, Karlsruher Straße 3, 60329 Frankfurt]

Prof. Dr. Reinhold Ernst Schmidt, Abteilung Klinische Immunologie, Zentrum Innere Medizin, der Medizinischen Hochschule Hannover, Carl-Neuberg-Straße 1, 30625 Hannover

Prof. Dr. Gerhard Vollmer, Seminar für Philosophie, TU Braunschweig, Postfach 3329, 38023 Braunschweig

Prof. Dr. Rein Vos, Center for Pharmacology, A. Deusinglaan 2, 9713 AW, Groningen, The Netherlands

Prof. Dr. Adolph R. Windorfer, Niedersächsische Akademie für Homöopathie und Naturheilverfahren e. V., Blumläger Kirchweg 1, 29221 Celle

[...]: konnte nicht teilnehmen

1. Reihe: Th. Kenner; J. Schaefer; B. Lohff; B. Fehlhaber; 2. Reihe: K. Pirlet;
B. Kenner; G. Neitzke; R. Knöll; ?; K.-J. Nordmann; K. Nierhaus;
3. Reihe: C. F. Gethmann; ?; J. Fabry (?); R. Vos; R. Jaenicke;
Th. Peters; T. Schaefer; ?

?; J. Schaefer; B. Lohff; K. Pirlet; Th. Peters; R. Vos; ?

K.-J. Nordmann (vorne); G. Neitzke; J. Fabry; R. Knöll;
K. Nierhaus; R. Jaenicke

The AIDS Controversy (IX. Symposium, Teil I: 24.05.1996, Berlin-Dahlem)

Wir möchten Sie im Namen unseres Arbeitskreises herzlich willkommen heißen. Wir freuen uns, dass Sie der Einladung zu diesem Arbeitstreffen, das vor allem durch das Engagement von Herrn Kollegen Dr. Claus Köhnlein und Wolfgang Deppert zustande gekommen ist, folgen konnten. Ganz besonders begrüßen wir Frau Professor Dr. Karin Mölling und Herrn Professor Dr. Peter Duesberg.

Unserem Freunde Knud Nierhaus möchten wir sehr dafür danken, dass er das Dach für diese Unternehmung zur Verfügung stellt. Wir hoffen, dass diesem wahrscheinlich nicht einfachen Auftakt-Seminar weitere Treffen folgen. Dies kann natürlich nur dann der Fall sein, wenn Sie meinen, dass die Erörterung von Kontroversen mit einer wissenschaftsphilosophischen und wissenschaftshistorischen Begleitung intellektuell stimulierend und einer Problemlösung förderlich ist.

Wir haben mit vergleichbaren Veranstaltungen in den vergangenen zehn Jahren gute Erfahrungen gehabt. Das Ziel des Internationalen Instituts für Theoretische Cardiologie ist: »... To create a forum for the examination of controversies in cardiology, with a special focus upon their philosophical and epistemological dimensions. In particular, we wonder whether certain controversies can be clarified by an evaluation of the axiomatic foundations underlying the disputes, and not simply solved by the perfunctory acquisition of additional experimental results ...«, wie wir in dem vor Ihnen liegenden Letter to the Editor in Basic Research Cardiology 1987 geschrieben haben.

Nun werden Sie fragen, was unser heutiges Thema mit Kardiologie zu tun hat: Als Antwort darf ich Ihnen eine kurze Mitteilung aus *Nature* vom 14. März 1996 zeigen. Aus dieser Mitteilung geht hervor, dass die Kardiologen in Angesicht der Aufwendungen für die Erforschung von AIDS aufpassen müssen, selbst noch genug Forschungsgelder zu bekommen, um auch wieder ernst genommen zu werden.

Der Ablauf des heutigen Nachmittags soll jedoch durch die Gelegenheit bestimmt werden, mit Herrn Professor Duesberg und Frau Professor Karin Mölling über wenige ausgesuchte Probleme der AIDS-Forschung zu diskutieren, worauf wir uns besonders freuen. Knud Nierhaus und Frau Karin Mölling werden in die drei Problemkreise einführen, die wir in der vor Ihnen liegenden Tagesordnung benannt haben.

Frau Brigitte Lohff und ich wollen es wagen, die Diskussionsleitung zu übernehmen.

Bevor wir jedoch in die Tagesordnung eintreten, noch ein kleines technisches Detail. Wir möchten die Diskussion aufzeichnen, um sie für uns alle als originales Material auswerten zu können. Dabei ist es für die molekularbiologischen Novizen bzw. Laien unter uns wichtig, das spezifische Wissen über die kontroversen Standpunkte der beiden Forschungsprogramme zum weiteren Studium zur Verfügung zu haben.

Zur Einstimmung in das gewählte Konzept des Theorienvergleichs haben Wolfgang Deppert und ich ein Papier vorbereitet, das vor Ihnen auf dem Tisch liegt. Daraus möchte ich Ihnen zu Beginn unserer Arbeitssitzung die erste Seite vorlesen, die sich mit der Beschreibung unseres Vorhabens beschäftigt.

Wissenschaftliche Kontroversen können für die Wissenschaft fruchtbar sein, da ein Wettkampf auch in der Wissenschaft schöpferische Problemlösungskräfte weckt. Diese Steigerung des Ideenreichtums wird allerdings nur dann zu bemerkenswerten wissenschaftlichen Erfolgen führen, wenn es gelingt, die Übersicht über die Vielfalt der vorgetragenen Argumente und Gegenargumente zu behalten, weil erst so eine sachliche Wertung ermöglicht wird.

In dem Vielmilliardengeschäft Wissenschaft, bei dem neben der Wahrheitssuche viele andere Motivationen eine Rolle spielen, ist zum Schaden der Wissenschaft die in sportlichen Wettkämpfen durch Schiedsrichter erzwingbare Fairness manchmal nicht durchzusetzen. Es soll hier die Probe gemacht werden, ob Wissenschaftstheoretiker über Beurteilungsverfahren wissenschaftlicher Theorien verfügen, die zur Versachlichung von wissenschaftlichen Kontroversen beitragen können.

In der Medizin sind wissenschaftliche Kontroversen in Bezug auf Krankheitsbilder mit hoher Letalität besonders brisant. Sagen konkurrierende Theorien zum Beispiel verschiedene Ausbreitungsraten voraus, dann wird die Theorie, die die höchste Ausbreitungsrate prognostiziert, in der Öffentlichkeit den größten Schrecken verbreiten und deshalb auch die größte Beachtung finden. Dies liegt in der Natur der Sache und auch dies, dass die so ausgezeichnete Theorie zum Politikum wird (wie wir es jetzt gerade mit der BSE-Debatte erleben). Dieser verständliche Sachverhalt sagt aber gar nichts über den Wahrheitsgehalt der Theorien aus. Die Theorien über das Krankheitsbild AIDS sind aufgrund derartiger Mechanismen zeitweise in den Strudel öffentlicher Diffamierungen geraten. Es erscheint uns deshalb sinnvoll, ein wissenschaftstheoretisch ausgewiesenes Verfahren zum Theorienvergleich hinsichtlich des Zutreffens von Voraussagen und ihrer Anpassungsfähigkeit für erfolgreichere Prognosen anzuwenden. So könnte diese wissenschaftliche Kontroverse für den wissenschaftlichen Fortschritt besser genutzt werden. Nur Theorien, die sich auf Dauer bestätigen lassen, werden dazu beitragen können, die Ausbreitung der Krankheit einzudämmen und ihre letalen Folgen zu bessern.

Programm

Freitag, 24. Mai 1996

1. Evolutionäre Aspekte (HIV, SIV)
2. Ätiologische und pathogenetische Aspekte (zellbiologische Befunde). These: »Retroviren töten keine Zellen«. Antithese: »HIV ist ausgeprägt cytopathisch«. Parameter der Pathogenese (Fauci, A. S. (1993) Science 262: 1011–1018)
3. Prä- und perinatale HIV-Übertragung – Lifestyle versus Infektion
4. Ausklang: Restaurant Chalet Suisse, Berlin Grunewald. 20.00 Uhr.

Participants

Prof. Dr. Wolfgang Deppert, Kiel

Prof. Dr. Peter Duesberg, Berkeley

Dr. Claus Köhnlein, Kiel

Prof. Dr. Brigitte Lohff, Hannover

Prof. Dr. Karin Mölling, Zürich

Dr. Aja Nierhaus, Berlin

Prof. Dr. Knud Nierhaus, Berlin

Brigitte Schaefer, Kiel

Prof. Dr. Jochen Schaefer, Kiel

Tim Schaefer, Hannover

Alex Schulze, Berlin

Christian Spahn, Berlin

Dr. Werner Theobald, Kiel

Dr. Günther Zick, Kiel

The AIDS Controversy (IX. Symposium, Teil II: 22.12.1996, Berlin-Dahlem)

Entsprechend den nachfolgend aufgeführten Fragestellungen wurde am 22.12.1996 im Max-Planck-Institut für molekulare Genetik, Ihnestraße 73, Berlin-Dahlem diskutiert.

Die der Tagungsordnung zugrunde liegende gedankliche Absicht

Das in den von der CDC herausgegebenen Mortality and Morbidity Weekly Reports [MMWR] enthaltene und aus den Jahrgängen 1981 bis 1994 (1995; 1996) von Jochen Schaefer ausgewählte Material soll dahin gehend geprüft werden, ob es die am 24.05.1996 aufgeworfenen Fragen beantworten hilft, vor allem auch in Anbetracht der von uns angestrebten Analyse der miteinander konkurrierenden Forschungsprogramme, und zwar im Hinblick auf:

- die komplizierte und selbst für uns als interessierte Ärzte nicht einfach zu handhabende Entwicklung, Änderung und Erweiterung des Umfangs der AIDS-definierenden Kriterien und Diagnosen seit 1982 insbesondere des ICD-Schlüssels Nr. 9.
- die Änderung der verschiedenen Latenzzeiten zwischen angenommenem Zeitpunkt der Infektion und der Diagnose von AIDS im Verlaufe der letzten 15 Jahre. [»1 year to more than 4 years.« MMWR 33: 377–79 (1984). – »All analyses summarized in table B1, with the exception of Brookmeyer's, used a standard incubation period distribution (median, approximately 10 years) that did not change with time (A3)«, Biometrics 45: 325–35 (1988), siehe MMWR 39: 20 (1990). – Laut G. Pantaleo, C. Graziosi, A. S. Fauci Abbildung 1 (NEJM 328: 327–335 (1993) 7–9 Jahre].
- die Prognose der AIDS-Häufigkeit [siehe Voraussagen und Berechnungen von M. Eigen (1992) und MMWR 43 [No. 53].15 (1994)].
- die Änderung der Letalität von AIDS seit 1988, 1989 (?)
- den Grad der Durchseuchung verschiedener Bevölkerungsgruppen mit HIV und epidemiologische Berechnungsprobleme.

- Können uns die Gedanken von Ludwik Fleck (1935) anlässlich seiner wissenschaftstheoretischen und historischen Aufarbeitung der Problematik des Krankheitsbildes der Syphilis behilflich sein bei unseren Fragestellungen?
- Sind wir schon so weit, um zu sagen, dass wir hier Kriterien für die Unentscheidbarkeit von kontroversen Theorien anwenden können/müssen? Diese Kriterien der Unentscheidbarkeit im Vergleich wissenschaftlicher Theorien lassen sich durch vier Umstände kennzeichnen:
- Es gibt gemeinsam akzeptierte Tatsachenbehauptungen, die zur Stützung jeder der kontroversen Theorien benutzt werden können oder wenigstens gegen keine von ihnen sprechen, sodass sie kompatibel sind.
- Es gibt gemeinsam akzeptierte Tatsachenbehauptungen, die zur Stützung jeder der kontroversen Theorien benutzt werden können oder wenigstens gegen keine von ihnen sprechen, sodass sie kompatibel sind.
- Es gibt gemeinsam akzeptierte Tatsachenbehauptungen, welche die eine Theorie stützen und gegen die andere Theorie sprechen, und es gibt gemeinsam akzeptierte Tatsachenbehauptungen, bei denen die Lage umgekehrt ist.
- Es gibt strittige Tatsachenbehauptungen, die die eine Theorie stützen und gegen die andere Theorie sprechen, und es gibt strittige Tatsachenbehauptungen, bei denen die Lage umgekehrt ist.
- Es gibt strittige Tatsachenbehauptungen, deren Strittigkeit durch die Unterschiedlichkeit der theoretischen Annahmen der kontroversen Theorien bedingt ist.
- Können wir aus dem diskutierten Gesamtkomplex Fragen formulieren, die wir zum Beispiel an die CDC richten wollen?

W. Deppert und J. Schaefer

Im Anschluss an diese beiden Symposien im Max-Planck-Institut für molekulare Genetik wurden eingehende Literaturrecherchen sowie zwei Nachfolgekolloquien durchgeführt, um die Grundlagen der statistischen Berechnungen, die den Voraussagen für die Ausbreitung von AIDS zugrunde liegen, näher zu analysieren. Das erste Kolloquium fand am 14. September 1998 anlässlich der Jahrestagung der Deutschen Gesellschaft für Medizinische Dokumentation und Statistik (13.–17. September 1998 in Bremen) statt; es handelte sich um eine Diskussion zwischen Ron Brookmeyer (Johns Hopkins University,

School of Public Health), Janke Jörn Dittmer (Cambridge University), Rainer Frentzel-Beyme (Bremer Institut für Präventionsforschung und Sozialmedizin der Universität Bremen) und Jochen Schaefer (IIfTC) zum Thema »Insecure Science«. Das zweite Kolloquium fand am 21. Juni 1999 in Kiel-Schilksee in den Räumlichkeiten des IIfTC statt, und zwar zum Thema »Dennis Bregman's predictions and the course of the AIDS epidemic in the United States of America«; hieran nahm auch James R. Thompson (Noah Harding Professor of Statistics, Department of Statistics, Rice University, Houston, Texas) teil.

Das Ergebnis unserer Untersuchungen wurde in der Zeitschrift Avicenna im Jahre 2003 veröffentlicht (Köther, K., Kralemann, B., Lattmann, C., Dittmer, J. J., Deppert, W., Schaefer, J.: Predicting the Course of the AIDS Epidemic – lessons learned. An epidemiological analysis with strong implications for future public health policy, Avicenna 2[2]:22–32, 2003).

Participants

Prof. Dr. Wolfgang Deppert, Kiel

Prof. Dr. Peter Duesberg, Berkeley

Dr. Claus Köhnlein, Kiel

Prof. Dr. Brigitte Lohff, Hannover

Prof. Dr. Karin Mölling, Zürich

Dr. Aja Nierhaus, Berlin

Prof. Dr. Knud Nierhaus, Berlin

Brigitte Schaefer, Bad Orb – Kiel

Prof. Dr. Jochen Schaefer, Bad Orb – Kiel

Dr. jur. Martin Schaefer, Hamburg – Berlin

Tim Schaefer, Hannover

Dr. Günter Zick, Kiel

Erst bei der Übertragung der iiftc-website des iiftc.de in diese druckfähige Version sind wir auf das folgende Buch von Gordon Moran aufmerksam geworden: Silencing Scientists and Scholars in Other Fields: Power, Paradigm Controls, Peer Review, and Scholarly Communication (Contemporary Studies in Information Management, Policy, and Services.) xiv + 187 pp., bibl., indexes. Greenwich, Conn./London: Ablex Publishing Corporation, 1998). In diesem Werk werden noch zusätzliche Beispiele aufgeführt, die deutlich machen, wie bedroht die Freiheit der Wissenschaft ist.

Eine weitere Publikation ist: Peer review versus editorial review and their role in innovative science in innovative science in Theor. Med. Bioethics 2012 33(5): 359–176 doi: 10.1007/s11017-012-9233-1., die sich mit dem erzwungenen Verschwinden der Zeitschrift *Medical Hypotheses* auseinandersetzt; diese musste wegen der Veröffentlichung eines umstrittenen Artikels von Peter H. Duesberg, Joshua M. Nicholson, David Rasnick, Christian Fiala, Henry H. Bauer: HIV-AIDS hypothesis out of touch with South African AIDS – A new perspective, in Medical Hypotheses (2009) ihr Erscheinen einstellen.

Wissenschaftstheoretische Überlegungen zu den philosophischen Grundlagen aktueller Forschungsprogramme in den Biowissenschaften (X. Symposium: 23.–24.03.2000, Kiel)

Aus dem X. Symposium des IIfTC ist der Verhandlungsband »Selbstorganisierte Systemzeiten«. Ein interdisziplinärer Diskurs zur Modellierung lebender Systeme auf der Grundlage interner Rhythmen (W. Deppert, K. Köther, B. Kralemann, C. Lattmann, N. Martens, J. Schaefer (eds.), Leipziger Universitätsverlag, Leipzig 2002) hervorgegangen. Den Klappentext des Buches finden Sie im Folgenden.

Anmerkungen zur Buchreihe

Die Probleme der heutigen Gesellschaft sind nur durch die Arbeit an den Grundlagen der Wissenschaften verlässlich lösbar. Die Buchreihe Grundlagenprobleme unserer Zeit will das Bewusstsein dafür schärfen. Diese Arbeit an den Grundlagen ist das angestammte Aufgabengebiet der Philosophie. Dies gilt auch dann, wenn man ihren gegenwärtigen Vertretern eine erfolgreiche Tätigkeit in diesem Problembereich kaum noch zutraut. Aus der Tatsache, dass die wissenschaftlichen Disziplinen ursprünglich aus der Philosophie entstanden sind, lässt sich folgern, dass sich alle wissenschaftlich Interessierten als ihre eigenen Philosophen verstehen können. Andererseits aber kommt den Fachvertretern der Philosophie die interdisziplinäre Funktion zu, die verschiedenen wissenschaftlichen Disziplinen zu gemeinsamer Arbeit an den Grundlagenproblemen unserer Zeit zusammenzuführen.

Die Reihe widmet sich vordringlich den Grundlagenproblemen der Wissenschaften vom Leben und denen der menschlichen Orientierungsmöglichkeiten. Hierzu gehören zum Beispiel die grundlegenden Fragen zu Gesundheit und Krankheit oder die nach einer sinnvollen Lebensgestaltung.

Anmerkungen zum Inhalt des vorliegenden Bandes

Die Wissenschaften vom Leben haben eine Fülle von Erkenntnissen über Vorgänge in lebenden Systemen hervorgebracht. Solche faszinierenden Einsichten dienen hier als Material für eine interdisziplinäre Diskussion im Rahmen eines Symposiums.

Einerseits wird die Entwicklung von Modellen am Beispiel des Herz-Kreislauf-Systems und der circadianen Rhythmik pflanzlicher Stoffwechselprozesse wissenschaftstheoretisch analysiert. Andererseits wird untersucht, ob sich die in den Modellen dargestellten selbstorganisierenden Prozesse der Organismen durch die Einführung von Systemzeiten vereinfacht beschreiben lassen. Darüber entwickelt sich eine lebhafte Diskussion zwischen den teilnehmenden Biologen, Kardiologen, Physiologen, Physikern, Wissenschaftshistorikern und Wissenschaftstheoretikern.

Dieser interdisziplinäre Austausch wie auch die Neuartigkeit des Ansatzes förderte die Klärung zentraler Begriffe – auch durch die erhellende Wirkung von Missverständnissen.

Das hier wiedergegebene Symposium versteht sich als Einführung in den Ansatz eines neuartigen Paradigmas zur Entwicklung neuer konzeptueller Grundlagen einer Systemtheorie lebender Systeme, das in seiner Anwendung zur Entdeckung systemspezifischer Gesetzmäßigkeiten von Organismen führen kann.

Programm

Tagungsort: Seminarraum des Ökologie-Zentrums Kiel (ÖZK) der Christian-Albrechts-Universität zu Kiel, Schauenburgerstraße 112

23. März 2000

11.00–13.30 Uhr	Begrüßung (Jochen Schaefer)
	Vortrag: Ionenströme und Zelleigenschaften oder wie konstruiere ich einen natürlichen Herzschrittmacher Überlegungen zum Umschlag von Quantität in eine neue Qualität anhand detaillierter Computermodelle (Peter Kohl)
	Verständnisfragen
	Kommentator: Dialektik als Entwicklungslogik theoretischer und natürlicher Strukturen (Michael Rahnfeld), Diskussion (Diskussionsleiter: Marc-Thorsten Hütt, Wolfgang Deppert)
	Pause mit leichtem Mittagsimbiss
14.30–17.00 Uhr	Vortrag: Untersuchungen von biologischen Prozessen mit Methoden der theoretischen Physik

Unsere gegenwärtigen Strategien
(Marc-Thorsten Hütt) Verständnisfragen
Kommentator: Zur Komplexitätsreduktion
(Wolfgang Deppert)
Diskussion
Kommentator: Zur Analyse des Modellbegriffs
(Björn Kralemann)
Diskussion (Diskussionsleiter: Peter Kohl,
Thomas Kenner)
Kaffeepause

17.30–18.45 Uhr   Allgemeine Diskussion des Reduktionismusprob-
lems Einführung (Niels Martens)
Als Diskussionsgrundlage dienen: Bock GR,
Goode JA: The limits of reductionism in modern
biology. Chichester 1998. Schaffner K: Discovery
and Explanation in Biology and Medicine, Chicago 1993, Kap. 9: Reduction and Reductionism
in Biology and Medicine. Deppert W: Das Reduk-
tionismusproblem und seine Überwindung, in:
Deppert W, Kliemt H, Lohff B, Schaefer J (Hrsg.).
Wissenschaftstheorien in der Medizin: ein Symposium, Berlin – New York 1992, S. 275–323.
Diskussionsleiter: Björn Kralemann, Janke Jörn
Dittmer

ab 20.00 Uhr   Abendliches Zusammensein im Restaurant
»Neptun«, Fördeblick

24. März 2000

09.00–13.00 Uhr   Allgemeine Diskussion zu den Themen des Vor-
tags unter besonderer Berücksichtigung des Sys-
temzeitkonzepts
Einführung: Das Systemzeitkonzept als Beispiel
für allgemeine Systemgrößen (Janke Jörn Dittmer), Diskussion (Diskussionsleiter: Ulrich
Kliegis, Michael Rahnfeld)
Kaffeepause (Mitgliederversammlung des IIfTC)
Vorbesprechung der Transkription der Tagung sowie Ende der Tagung und leichter Mittagsimbiss

Participants

Prof. Dr. Wolfgang Deppert, Philosophisches Seminar der Christian-Albrechts-Universität zu Kiel, Leibnizstraße 6, 24098 Kiel

Janke Jörn Dittmer, M. Sc., Optoelectronics Group, Cavendish Laboratory, University of Cambridge, Madingley Road, Cambridge CB3 0HE, United Kingdom

Dr. Marc-Thorsten Hütt, Graduiertenkolleg »Kommunikation in biologischen Systemen«, Institut für Botanik, Technische Universität Darmstadt, Schnittspahnstraße 3–5, 64287 Darmstadt

Prof. Dr. Dr. h. c. Thomas Kenner, Vorstand des Physiologischen Institutes der Karl-Franzens-Universität Graz, Harrachgasse 21/V, A-8010 Graz, Austria Dr. Ulrich Kliegis, Consulting und Projektmanagement, Holtenauer Straße, 273, 24106 Kiel

Peter Kohl, M. D., Ph. D., Royal Society Research Fellow, University Laboratory of Physiology, Parks Road, Oxford OX1 3PT, United Kingdom

Katrin Köther, stud. med., Christian-Albrechts-Universität zu Kiel und Internationales Institut für Theoretische Cardiologie e. V., Schilkseer Str. 221, 24159 Kiel

Björn Kralemann, Doktorand, Physik und Philosophie, Philosophisches Seminar der Christian-Albrechts-Universität zu Kiel, Leibnizstraße 6, 24098 Kiel

Claas Lattmann, stud. Phil., Philosophisches Seminar der Christian-Albrechts-Universität zu Kiel, Leibnizstraße 6, 24098 Kiel

Professor Reidar K. Lie, M. D., Ph. D., Department of Philosophy, University of Bergen, Sydnesplassen 7, N-5007 Bergen, Norway

Prof. Dr. Brigitte Lohff, Direktorin des Institutes für Medizingeschichte, Ethik und Theoriebildung in der Medizin, Medizinische Hochschule Hannover, Carl-Neuberg-Str. 1, 30625 Hannover

Niels Martens, cand. Phil., Philosophisches Seminar der Christian-Albrechts-Universität zu Kiel, Leibnizstraße 6, 24098 Kiel

Michael Rahnfeld, Kreisstraße 9, 25795 Weddingstedt

Dipl.-Biol. Uwe Rascher, Institut für Botanik, Technische Universität Darmstadt, Schnittspahnstraße 3–5, 64287 Darmstadt

Brigitte Schaefer, Internationales Institut für Theoretische Cardiologie e. V., Schilkseer Str. 221, 24159 Kiel

Prof. Dr. Jochen Schaefer, Internationales Institut für Theoretische Cardiologie e. V., Schilkseer Str. 221, 24159 Kiel

[Tim Schaefer, wiss. Assistent, Klinik für Dermatologie und Venerologie der Medizinischen Hochschule Hannover, Hautklinik Linden – Klinikum Hannover, Ricklinger Straße 5, 30449 Hannover]

[...]: verhindert

Teilnehmer des Treffens: U. Rascher; M.-Th. Hütt; B. Lohff; P. Kohl; M. Rahnfeld;
B. Kralemann; W. Deppert; J. J. Dittmer; K. Köther; J. Schaefer;
N. Martens; Th. Kenner; B. Kenner; C. Lattmann

Synchronisation: Ihre Strukturen und Funktionen (XI. Symposium: 3.–5.07.2003, Kiel)

Abstracts of the lectures

Arkady Pikovsky: Darstellung des Synchronisationskonzepts; Michael Rosenblum: Darstellung der Anwendung des Synchronisationskonzepts anhand der eigenen Arbeiten im Bereich des Herz-Kreislauf-Systems

Many natural and human-made nonlinear oscillators exhibit the ability to adjust their rhythms due to weak interaction: two lasers, being coupled, start to generate with a common frequency; cardiac pacemaker cells fire simultaneously; violinists in an orchestra play in unison. Such coordination of rhythms is a manifestation of a fundamental nonlinear phenomenon – synchronization. Discovered in 17th century by Christiaan Huygens, it was observed in physics, chemistry, biology and even social behavior, as well as found practical applications in engineering and medicine. The notion of synchronization has been recently extended to cover the adjustment of rhythms in chaotic systems, large ensembles of oscillating units, rotating objects, continuous media, etc. In spite of essential progress in theoretical and experimental studies, synchronization remains a challenging problem of nonlinear sciences.

In this lecture we first introduce the notion of self-sustained oscillations and discuss different aspects of synchronization: synchronization by external force, mutual synchronization, effect of noise, synchronization of chaotic systems, synchronization in large ensembles with local or global coupling. We proceed with the discussion of methods for analysis of experimental systems and data. These methods allow detection and characterization of synchronization and determination of the direction of coupling between the systems. We illustrate the methods by the applications to analysis of cardiorespiratory interaction and analysis of brain activity.

Thomas Kenner: Oscillations, synchronization and optimization

The heart beat is generated by the interaction between a surprising number of internal, and a variety of external rhythms. There are three important phenomena which are of particular interest. 1) Oscillations of biological variables appear to be essential for their optimal adjustment and therefore, for the effectivity of control. 2) Biological oscillators tend to synchronize. 3) The magnitude of biological variables in animals of different size, can be described statistically as so-called »allometric« functions of the body mass. Among other examples time periods of heart beat and the breath-to-breath period are longer in larger animals. We apply an EKG-based noninvasive technique for long-term recording for the analysis of the heart beat, the frequency spectrum of the heart rate, its synchronization with other rhythms, the circadian variations, including sleep and the effect of stress and rehabilitation. Since the human eye is especially sensitive to colors, we display the results in color-coded form. Supported by the FWF: SFB Optimierung und Kontrolle.

Hans Jürgen Schmitt: Rhythms and Synchronization in Cutaneous Bloodflow

Optical photoplethysmography and Laser-Doppler studies of blood volume and flow in the arterial system show heartbeat, respiration rhythms and manifold rhythms in the range of 0.15 Hz and below. The precise origin of these low-f variations is still under discussion. Indications are that episodal effects due to vasomotion and nervous excitation play a role leading to transient phenomena with various »quasi attractors«. Under constant load (mental or physical) synchronization with more stable attractors is observed. In a simplified picture this may be compared to »rhythms« of a car with automatic transmission under time-varying or constant load conditions.

Björn Kralemann: Systemzeit: Intrinsische Zeitstrukturen als Grundlage der Analyse dynamischer Systeme?

Auf der Basis einer wissenschaftstheoretischen Analyse der Metrisierung von Begriffen werden die impliziten Voraussetzungen expliziert, unter denen quantitative Begriffe – wie sie in den Naturwissenschaften geläufig sind – konstituiert werden bzw. verwendbar sind. Die Ergebnisse werden auf die Variable ›Zeit‹ angewendet, und es zeigt sich, dass neben der physikalischen Zeit auch andere metrische Zeitsysteme zumindest denkmöglich sind, weil die Metrisierungsbedingung der Zeit – die Forderung der periodischen Äquivalenz – zu schwach ist, um ein Zeitsystem eindeutig auszuzeichnen. Das Kriterium der periodischen Äquivalenz wird mathematisch operationalisiert, um am Beispiel des Lorenz-Systems zu demonstrieren, dass nicht-physikalische

Systeme periodisch äquivalenter Prozesse nicht nur denkmöglich sind, sondern sich auch tatsächlich nachweisen lassen, sodass mit dem Lorenz-System ein Beispiel für die faktische Realisierung eines nicht-physikalischen Systems periodisch äquivalenter Prozesse (PEP-System) vorliegt, das eine systemspezifische, metrische Zeit-Variable – eine Systemzeit – definiert. Abschließend werden Probleme und Perspektiven des Systemzeit-Konzepts skizziert.

Wolfgang Deppert: Die Verallgemeinerung physikalischer Begriffsbildungen auf die Theorie der PEP-Systeme am Beispiel des Kraft- und Gesetzesbegriffes

Zur formalen Bestimmung des Gesetzesbegriffes scheint es erforderlich zu sein, die Gültigkeit von Gesetzen grundsätzlich an den Anwendungsbereich dieser Gesetze zu knüpfen. Dabei stellt sich die Frage, wodurch sich solche Bereiche kennzeichnen lassen, in denen spezifische Naturgesetze Gültigkeit besitzen. Einen Hinweis darauf könnte die Feststellung einer Klasse periodisch äquivalenter Prozesse (PEP-Klasse) liefern. Vermutlich ist die Tatsache, dass sich eine PEP-Klasse ausbildet, dadurch zu erklären, dass der Bereich, in dem die dazugehörigen periodischen Prozesse stattfinden, ein solcher ist, in dem spezifische Naturgesetze wirksam sind. Betrachtet man nun die physikalische Welt selbst als einen solchen spezifischen Bereich, in dem sich die PEP-Klasse der physikalisch-periodischen Vorgänge ausbildet, dann werden wir im Sinne der Physiker sagen, dass in diesem Bereich auch die physikalischen Naturgesetze herrschen. In der Verallgemeinerung auf andere PEP-Klassen und PEP-Systeme ließe sich nun analog der physikalischen Begriffsbildung vorgehen, indem Zustände eingeführt werden, die dadurch bestimmt sind, dass in ihnen bestimmte Parameter konstant bleiben, während andere sich durchaus verändern können. Solche Zustände werden in der Physik etwa durch den Impulserhaltungssatz charakterisiert. Kräfte werden nach Newton dadurch eingeführt, dass für die Zustandsänderung Kräfte verantwortlich gemacht werden. Entsprechend lässt sich allgemein in anderen PEP-Systemen ein verallgemeinerter Kraftbegriff einführen, wenn in diesen Zuständen und Zustandsänderungen definierbar sind. Dieser Versuch soll im Rahmen von organismischen PEP-Systemen zur Diskussion gestellt werden.

Programm

03. Juli 2003

bis 19.00 Uhr	Anreise
19.00 Uhr	Abendessen in der Bauernstube (Olympiahafen Süd, Kiel-Schilksee), evtl. abendliches Arbeitssegeln auf der Olga (Skipper Dr. Claus Köhnlein, Steg 4, Olympiahafen Süd, Kiel-Schilksee)

04. Juli 2003
Ort: Hotel Yachthafen, Strande

09.55–10.00 Uhr	Begrüßung (Jochen Schaefer)
10.00–10.30 Uhr	Darstellung des Synchronisationskonzepts (Arkady Pikovsky)
10.30–10.45 Uhr	Diskussion zur Klärung von Verständnisfragen
10.45–11.15 Uhr	Darstellung der Anwendung des Synchronisationskonzepts anhand der eigenen Arbeiten im Bereich des Herz-Kreislauf-Systems (Michael Rosenblum)
11.15–11.30 Uhr	Diskussion zur Klärung von Verständnisfragen
11.30–11.45 Uhr	Kaffeepause
11.45–12.15 Uhr	Oscillations, synchronization and optimization (Thomas Kenner)
12.15–12.30 Uhr	Diskussion zur Klärung von Verständnisfragen
12.30–13.30 Uhr	Kleiner Imbiss und Kaffee
13.30–13.45 Uhr	Messungen über Oszillationen der Durchblutung (Kopplungen, Resonanzen, Synchronisationseffekte) (Hans Jürgen Schmitt)
13.45–14.00 Uhr	Diskussion zur Klärung von Verständnisfragen
14.00–14.30 Uhr	Versuche des Vergleichs von Analysevorgehen an praktischen Beispielen (Arkady Pikovsky / Michael Rosenblum)
14.30–14.45 Uhr	Diskussion zur Klärung von Verständnisfragen
14.45–15.15 Uhr	Darstellung des PEP-Systemzeitkonzepts (Björn Kralemann)
15.15–15.30 Uhr	Diskussion zur Klärung von Verständnisfragen
15.30–16.00 Uhr	Kaffeepause

16.00–16.30 Uhr	Einordnung des so definierten Systemzeitkonzepts in allgemeinere Gesetzmäßigkeiten, z. B. Ableitung des Kraftbegriffs (Wolfgang Deppert)
16.30–18.00 Uhr	Allgemeine Diskussion
Danach:	Abendessen im Restaurant Italia, Olympiahafen Süd, Kiel-Schilksee, evtl. abendliches Arbeitssegeln auf der Olga (Skipper Dr. Claus Köhnlein, Steg 4, Olympiahafen Süd, Kiel-Schilksee)

05. Juli 2003
Ort: Hotel Yachthafen, Strande oder IIfTC, Kiel-Schilksee

10.00–11.30 Uhr	Praktische Übungen an Anwendungsbeispielen (u. a. Physionet, Grazer Daten, Daten Marburger Universität) sowie Erarbeitung gemeinsamer Ansätze zur Analyse biologischer Rhythmen
11.30–13.00 Uhr	Eventuell Zusammenfassung der Ergebnisse (als Beispiel siehe den von A. Pikovsky und P. A. Tass gegebenen Sitzungsbericht im Physik-Journal, Mai 2002); als Grundlage könnten die in der Begründung des Symposiums angeführten Gedanken dienen.

Participants

Prof. Dr. Wolfgang Deppert, Philosophisches Seminar der Christian-Albrechts-Universität zu Kiel, Leibnizstraße 6, 24098 Kiel

Prof. Dr. Dr. h. c. Thomas Kenner, Anton-Musger-Gasse 24, A-8010 Graz, Austria

Dr. Claus Köhnlein, Kurallee 14, 24159 Kiel

Katrin Köther, cand. med., Christian-Albrechts-Universität zu Kiel und Internationales Institut für Theoretische Cardiologie e. V., Schilkseer Str. 221, 24159 Kiel

Björn Kralemann, Doktorand, Physik und Philosophie, Philosophisches Seminar der Christian-Albrechts-Universität zu Kiel, Leibnizstraße 6, 24098 Kiel

Claas Lattmann, cand. Phil., Institut für Klassische Altertumskunde der Christian-Albrechts-Universität zu Kiel, Leibnizstraße 8, 24098 Kiel

[Prof. Dr. Brigitte Lohff, Direktorin des Institutes für Medizingeschichte, Ethik und Theoriebildung in der Medizin, Medizinische
Hochschule Hannover, Carl-Neuberg-Str. 1, 30625 Hannover]

[Dr. K.-J. Nordmann, Wolfsbarg 18, 23701 Eutin]

Prof. Dr. Arkady Pikovsky, Lehrstuhl Statistische Physik/Chaostheo-
rie, Institut für Physik der Universität Potsdam, Am Neuen Palais 10,
Haus 19, 14469 Potsdam

Dr. Michael Rosenblum, Arbeitsgruppe Nicht lineare Dynamik, Institut für Physik der Universität Potsdam, Am Neuen Palais 10, Haus
19, 14469 Potsdam

Prof. Dr. Jochen Schaefer, Internationales Institut für Theoretische
Cardiologie, Schilkseer Str. 221, 24159 Kiel

[Tim Schaefer, wiss. Assistent, Klinik für Dermatologie und Venerologie der Medizinischen Hochschule Hannover, Hautklinik Linden –
Klinikum Hannover, Ricklinger Straße 5, 30449 Hannover]

Prof. Em. Dr. Hans Jürgen Schmitt, Institut für Hochfrequenztechnik, RWTH Aachen, Melatener Straße 25, 52056 Aachen

Priv.-Doz. Dr. Werner Theobald, Ökologie-Zentrum der Christian-
Albrechts-Universität zu Kiel, Schauenburgerstraße 112, 24118 Kiel

[...]: verhindert

Krankheit und Gesundheit dynamischer Systeme am Beispiel des Menschen, der Wirtschaft und des Ökosystems (XII. Symposium: 19.–20.08.2005, Kiel)

Im Mittelpunkt dieses Symposiums steht der verbindende Dialog unterschiedlicher Forschungsrichtungen in den Natur- und Geisteswissenschaften: Inwiefern ist es möglich, Methoden und Konzepte der Theorie dynamischer Systeme in der biomedizinischen, ökologischen und ökonomischen Forschung zu nutzen? Aufgrund der Problemstellung möchten wir Ergebnisse durch einen interdisziplinären Dialog erarbeiten, in den die disziplinären Beiträge einfließen. Jeder Teilnehmer ist eingeladen, Ideen, Fragen oder Ergebnisse einzubringen.

Programm

19.08.2005

14.00 Uhr   Moderation: Björn Kralemann, Hans Jürgen Schmitt
Einführung: Wolfgang Deppert (Kiel/Hamburg):
Lebende Systeme als dynamische Systeme oder
Kausalität als Finalität
(Schlüsselwörter: Attraktoren, Resonanzeffekte, Selbsterhaltung, Überlebensproblem, Kausalität, Finalität)
Anwendungsbeispiele:
Herz-Kreislauf-System: Average cardiocycles. Mögliche
Folgerungen aus vorangegangenen Diskussionen
(Schlüsselwörter: Synchronisation, kardiorespiratorisches System, wechselwirkende Oszillatoren, Datenanalyse) (Michael Rosenblum/Arkady Pikovsky/Laura
Cimponeriu)
50 Jahre Pulsanalyse – na und? Bemerkungen zu der
sich ergänzenden Wertigkeit von EKG und Blutdruckkurven bei der Modellierung dynamischer Systeme
(Schlüsselwörter: nicht invasive Datenaufnahme, Zeitanalyse, Frequenzanalyse, biologische Optimierung,
Scaling, Modelle, die Sucht nach Indizes, Aussagekraft)
(Thomas Kenner)
Nervensystem und Geist (oder umgekehrt?):
»Denkkollektive« aus der Perspektive dynamischer
Systeme (Björn Kralemann)

20.00 Uhr   Gemeinsames Abendessen (Hotel Yachthafen, Strande).
Um den durch unser Programm nahegelegten Bezug
Einsteins zum Maritimen zu erhellen und damit auch ei-
nen kleinen Beitrag zum Einstein-Jahr zu liefern, wird
Herr Prof. Dr. H. J. Schmitt uns einen Vortrag zum
Thema »Einstein as Electrical Engineering Inventor« als
Dessert unseres ersten Symposiumstages halten.

20.08.2005
10.00 Uhr   Moderation: Thomas Kenner, Arkady Pikovsky
Das Ökosystem: Nichteuklidische Geometrie einmal anders: Ausbreitung von Infektionskrankheiten in einem
verflochtenen Raum – Ökotheorie als Anwendungsbei-
spiel nicht linearer Systeme (Schlüsselwörter: Ausbreitung von Infektionskrankheiten, Topologie komplexer
Netzwerke, Dominanznetzwerke und Hierarchie der Dynamik, Wiederkehr von Tollwut und das Problem seltener langreichweiter Ausbreitung, dynamische Netzwerke
und Modellierung von Angst) (Bernd Blasius)
Wirtschaftliche und gesellschaftliche Systeme: Die Analyse gesellschaftlicher und wirtschaftlicher Zustände als
Beispiel für nicht lineare Systeme
(Hans-Carl Jongebloed)
12.30 Uhr   Resümee der Teilnehmer
13.00 Uhr   Ende des Symposions
13.05 Uhr   Mitgliederversammlung IIfTC
13.30 Uhr   Leichtes Mittagessen im Hotel Yachthafen, Strande

Wegen des knappen Zeitbudgets wollen wir auf festgelegte Kaffeepau-
sen während des Tagungsprogramms verzichten und ermuntern stattdessen zu individuellen Unterbrechungen. Erfrischungen, Getränke,
Kaffee etc. stehen ständig bereit.

Participants

Prof. Dr. Volker Becker, emeritierter Ordinarius für Allgemeine Pathologie und Pathologische Anatomie der Universität Erlangen-
Nürnberg

Prof. Dr. Bernd Blasius, Arbeitsgruppe Nicht lineare Dynamik, Institut für Physik der Universität Potsdam, Am Neuen Palais 10, 14469
Potsdam

Dr. Laura Cimponeriu, Institut für Physik der Universität Potsdam, Am Neuen Palais 10, 14469 Potsdam

Prof. Dr. Wolfgang Deppert, Philosophisches Seminar der Christian-Albrechts-Universität zu Kiel, Leibnizstraße 6, 24098 Kiel

Prof. Dr. Hans-Carl Jongebloed, Institut für Pädagogik der Christian-Albrechts-Universität zu Kiel, Olshausenstr. 75, 24098 Kiel

Prof. Dr. Dr. h. c. Thomas Kenner, Anton-Musger-Gasse 24, A-8010 Graz, Österreich

Dr. Claus Köhnlein, Kurallee 14, 24159 Kiel

Katrin Köther, Internationales Institut für Theoretische Cardiologie e. V., Schilkseer Str. 221, 24159 Kiel

Björn Kralemann, Doktorand, Arbeitsgruppe Statistische Physik / Chaostheorie, Institut für Physik der, Universität Potsdam, Am Neuen Palais 10, 14469 Potsdam

Claas Lattmann, M. A., Institut für Klassische Altertumskunde, Christian-Albrechts-Universität zu Kiel, Leibnizstraße 8, 24098 Kiel

Professor Reidar K. Lie, M. D., Ph. D., Department of Philosophy, University of Bergen, Sydnesplassen 7, N-5007 Bergen, Norwegen

Prof. Dr. Brigitte Lohff, Abteilung Geschichte, Ethik und Philosophie der Medizin der Medizinischen Hochschule Hannover, Carl-Neuberg-Str. 1, 30625 Hannover

Prof. Dr. Gottfried Maron, Burgschnietstraße 42, 90419 Nürnberg,

Dr. K.-J. Nordmann, Wolfsbarg 18, 23701 Eutin

Prof. Dr. Arkady Pikovsky, Arbeitsgruppe Statistische Physik / Chaostheorie, Institut für Physik der Universität Potsdam, Postfach 601553, 14415 Potsdam

Dr. Michael Rosenblum, Arbeitsgruppe Nicht lineare Dynamik, Institut für Physik der Universität Potsdam, Am Neuen Palais 10, 14469 Potsdam

Prof. Dr. Jochen Schaefer, Internationales Institut für Theoretische Cardiologie e. V., Schilkseer Str. 221, 24159 Kiel

Tim Schaefer, Oberarzt, Klinik für Dermatologie und Venerologie der Medizinischen Hochschule Hannover, Hautklinik Linden – Klinikum Hannover, Ricklinger Straße 5, 30449 Hannover

Prof. Dr. Hans Jürgen Schmitt, Institut für Hochfrequenztechnik, RWTH Aachen, Melatener Straße 25, 52056 Aachen

V. Becker; J. Schaefer; H. J. Schmitt mit Frau

*Am Tisch (dem Uhrzeigersinn entgegen): B. Kralemann (vortragend);
W. Deppert; A. Pikovsky; H. J. Schmitt; R. K. Lie; H.-C. Jongebloed;
K. Köther; B. Lohff; V. Becker; Th. Kenner; B. Blasius*

Linke Tischseite: R. K. Lie; H. J. Schmitt; A. Pikovsky; W. Deppert; ?;
vordere Tischseite: K. Köther; C. Lattmann;
rechte Tischseite: J. Schaefer; B. Blasius (?)
Redner: B. Kralemann

Am Tisch im Uhrzeigersinn: L. Cimponeriu; B. Blasius;
Th. Kenner; V. Becker; B. Lohff; J. Schaefer; C. Lattmann; K. Köther;
H.-C. Jongebloed; R. K. Lie;
H. J. Schmitt; A. Pikovsky; W. Deppert

A. Pikovsky; W. Deppert

R. K. Lie; H. J. Schmitt

C. Köhnlein; R. K. Lie

C. Lattmann; K. Köther; T. Schaefer

XIII. Symposium of the IIfTC in Kiel (October 1–2, 2010, Kiel)

Topic: »Modellbildung zwischen Theorie und Anwendung«

Local organizers: Hans-Carl Jongebloed, Björn Kralemann, Claas Lattmann, Jochen Schaefer

Background information concerning the Thirteenth Symposium of the IIfTC

»Modellbildung zwischen Theorie und Anwendung«

»Die allgemeine Frage nach dem, was Modelle sind, hat erstaunlicherweise keine naheliegende Antwort und wird deshalb auch nicht selten als unbeantwortbar abgelehnt. Kann es denn einen substanziellen Begriff des Modells geben, der so verschiedene Dinge in einem einzigen Konzept erfasst wie eine schöne Frau, ein System von Differenzialgleichungen, den Architekturentwurf einer Kirche, die Definition des Lambda-Kalküls, ein Spielzeugauto, die Zeichnung einer mechanischen Ente und ein UML-Diagramm?

Das Wort ›Modell‹ sei ein Homonym, wird vielfach vermutet. Es werde nur zufällig in ganz verschiedenen Zusammenhängen benutzt. Die genannten Dinge würden zwar alle Modelle genannt, aber es sei ihnen nichts gemein. Ein Modellbegriff, der alle diese Dinge zu erfassen versuche, erfasse tatsächlich nichts und sei deshalb methodisch unbrauchbar. Man dürfe bei der Erklärung des Begriffs Modell die disziplinären Grenzen nicht verlassen, in denen mit gewisser Klarheit über Modelle gesprochen werden könne. Auch wenn es so nicht gesagt wird, wird es doch oft so gedacht. Und tatsächlich können wir auch nicht erwarten, dass sich inhärente Merkmale eines Gegenstands finden lassen, die diesen als Modell ausweisen. Und auch mit funktionalen Umschreibungen gelingt es nicht, das Modellsein eines Gegenstands zu charakterisieren. Denn nicht jedes Modell besitzt die häufig als charakterisierend verstandenen Merkmale von verkleinertem Maßstab, vereinfachend und repräsentierend zu sein, oder die Merkmale zeichenhaft, repräsentierend und abstrahierend. Zum Beispiel sind Atommodelle niemals so klein wie das Atom, das sie modellieren, und eine Hieroglyphe ist zwar zeichenhaft, repräsentierend und abstrahierend, aber dadurch kein Modell, sondern in unserem Verständnis ein Schriftzeichen.

Kann denn angesichts dieser Beobachtungen überhaupt eine sinnvolle Antwort auf die Frage nach den Modellen gegeben werden, und kann eine einzelne Disziplin, wie etwa die Informatik, wenn es denn eine Antwort gibt, davon auch profitieren? Die Frage nach den Modellen lässt meiner Meinung nach grundlegende Defizite unserer immer noch stark an den Naturwissenschaften orientierten Wissenschaftstheorie erkennen. Denn die Frage, was ein Modell ist, kann mit den traditionellen Techniken der Begriffsklärung nicht beantwortet werden. [...]

Der Bedarf an einer solchen Theorie steht angesichts der Tatsache, dass Modelle zwar zu den wichtigsten Mitteln unserer Wissens- und Werkproduktion gehören, wissenschaftstheoretisch aber weitgehend ignoriert sind, außer jeder Frage. Bedarf besteht aber nicht nur aus wissenschaftsübergreifender Perspektive, sondern auch in den einzelnen Wissenschaften, die von einer solchen Theorie stark profitieren können.

In der Informatik ist dies besonders deutlich zu erkennen, in der die Lebenszeit von Modellen immer kürzer wird und in der die Nachfrage nach geeigneten Modellen bisher immer nur wuchs. Eine allgemeine Theorie der Modelle würde der sehr weitgehend im Virtuellen und in Räumen des Möglichen angesiedelten Informatik eine wissenschaftstheoretische Grundlage von praktischer Bedeutung geben.«

(Aus: Bernd Mahr: Die Informatik und die Logik der Modelle, Informatik-Spektrum 2009 (32) 228–248: 231 f. 249.)

Program of the Thirteenth Symposium of the IIfTC

»Modellbildung zwischen Theorie und Anwendung«

Freitag, den 01. Oktober 2010 (Moderation: Hans-Carl Jongebloed, Kiel)

14.00–14.30 Uhr	Hans-Carl Jongebloed (Kiel): Einführung
14.30–15.00 Uhr	Bernhard Thalheim (Kiel): Eine allgemeine Theorie der Modelle
15.00–15.30 Uhr	Diskussion

15.30–16.00 Uhr   Volker Bank (Chemnitz): Innovation und Wandel
                   in diskret strukturierten Systemen:
                   ein Sickermodell
16.00–16.30 Uhr   Diskussion
16.30–17.00 Uhr   Kaffeepause
17.00–17.30 Uhr   Heidrun Allert (Kiel): Die Rolle von Modellen in
                   wissensgenerierenden Prozessen
17.30–18.00 Uhr   Diskussion
18.00–18.30 Uhr   Claas Lattmann (Kiel): Die Welt als Linie: Platons
                   Modelltheorie
18.30–19.00 Uhr   Diskussion
20.00 Uhr   Gemeinsames Abendessen in der Forstbaum-
                   schule,
                   Düvelsbeker Weg 46, 24105 Kiel

Samstag, den 02. Oktober 2010 (Moderation: Hans-Carl Jongebloed,
Kiel)

10.00–10.30 Uhr   Wolfgang Deppert (Kiel): Systemzeiten
10.30–11.00 Uhr   Diskussion
11.00–11.30 Uhr   Arkady Pikovsky, Michael Rosenblum (Potsdam):
                   Oscillation, Synchronization, Modeling
11.30–12.00 Uhr   Diskussion
12.00–12.30 Uhr   Kaffeepause
12.30–13.00 Uhr   Björn Kralemann (Kiel): Modellierung der
                   kardiorespiratorischen Interaktion mit Phasen-
                   modellen
13.00–13.30 Uhr   Diskussion
13.30–15.00 Uhr   Allgemeine Diskussion
15.00 Uhr   Ende des Symposions (Mitgliederversammlung
                   des IIfTC)

Tagungsort: Olshausenstraße 75, 24118 Kiel, Gebäude III, Raum 177

Wegen des knappen Zeitbudgets wollen wir auf zu häufige Kaffeepau-
sen verzichten und ermuntern zu individuellen Unterbrechungen. Erfrischungen, Getränke, Kaffee etc. stehen ständig bereit.

Participants of the Thirteenth Symposium of the IIfTC

»Modellbildung zwischen Theorie und Anwendung«

Prof. Dr. Heidrun Allert, Institut für Pädagogik (Medienpädagogik/Bildungsinformatik), CAU Kiel

Prof. Dr. Volker Bank, Institut für Pädagogik und Philosophie (Berufs- und Wirtschaftspädagogik), TU Chemnitz

Dr. Uwe Becker, Angio-Kardiologie, LVA Mühlenbergklinik Malente Holsteinische Schweiz, Frahmsallee 1–7, 23714 Malente

[Dr. Julia Buchheit, Institut für Pädagogik (Berufs- und Wirtschaftspädagogik), CAU Kiel]

Prof. Dr. Wolfgang Deppert, Philosophisches Seminar, CAU Kiel

[Matthias Frühwirth, Institut für Nichtinvasive Diagnostik, Joanneum Research, Weiz, Österreich]

Karen Gerdzen, Seestraße 14, 23701 Eutin

Torben Göser, M. A., Institut für Pädagogik (Berufs- und Wirtschaftspädagogik), CAU Kiel

Prof. Dr. Hans-Carl Jongebloed, Institut für Pädagogik (Berufs- und Wirtschaftspädagogik), CAU Kiel

[Prof. Dr. Lutz Käppel, Institut für Klassische Altertumskunde (Gräzistik), CAU Kiel]

Dr. Claus Köhnlein, Innere Medizin, Königsweg 14, 24103 Kiel

Dr. Dr. Björn Kralemann, Institut für Pädagogik (Berufs- und Wirtschaftspädagogik), CAU Kiel

Prof. Dr. Peter Krope, Zentrum für konstruktive Erziehungswissenschaften am Institut für Pädagogik, CAU Kiel

Dr. Claas Lattmann, Institut für Klassische Altertumskunde (Gräzistik), CAU Kiel

Knut Latus, M. A., Zentrum für konstruktive Erziehungswissenschaften am Institut für Pädagogik, CAU Kiel

Professor Dr. Reidar K. Lie, Department of Bioethics, National Institutes of Health, Clinical Center, Bethesda, MD, USA

Siegfried Munz, Pastor, Schauspieler, Von-der-Horst-Straße 4, Kiel

Prof. Dr. Arkady Pikovsky, Institut für Physik und Astronomie, Group Statistical Physics / Theory of Chaos, Universität Potsdam

[Dipl.-Kfm. Dr. Wolf Prieß, Institut für Pädagogik (Berufs- und Wirtschaftspädagogik), CAU Kiel]

Prof. Dr. Michael Rosenblum, Institut für Physik und Astronomie, Nonlinear Dynamics Group at the Institute of Physics, Universität Potsdam

Brigitte Schaefer, IIfTC, Kiel

Prof. Dr. Jochen Schaefer, Direktor des IIfTC, Kiel

Tim Schaefer, Oberarzt, Dermatologische Klinik und Poliklinik der MHH Hautklinik Linden der Landeshauptstadt Hannover

Prof. Dr. Hans-Jochen Schwarzkopf, Innere Medizin – Kardiologie, ehem. Chefarzt der Städtischen Kliniken Itzehoe

[Dr. Reinhard Spieß, Institut für Pädagogik (Berufs- und Wirtschaftspädagogik), CAU Kiel]

[Prof. Dr. Manfred Stöckler, Institut für Philosophie, Universität Bremen]

Prof. Dr. Bernhard Thalheim, Institut für Informatik (Technologie der Informationssysteme), CAU Kiel

[Christiane Wehrenberg, Steuerberaterin, Friedrich-Franz-Straße 4, 12103 Berlin]

[Jörg Wehrenberg, Steuerberater, Friedrich-Franz-Straße 4, 12103 Berlin]

PD Dr. Wilhelm T. Wolze, Zentrum für konstruktive Erziehungswissenschaften am Institut für Pädagogik, CAU Kiel

[...]: verhindert

XIV. Symposium of the IIfTC
(August 29, 2015, Kiel)

Topic: »Otto Frank's Pressure-Volume Diagram. The Rosetta Stone of a Developing Cardiology and Cardiosurgery.«

Local organizer: Jochen Schaefer

Otto Franks Werdegang und die Grundlagen für das Druck-Volumen-Diagramm (DVD)

1895	Zur Dynamik des Herzmuskels (Habilitationsschrift)
1897	Über die Wirkung von Digitalis auf das Herz
1899	Grundformen des arteriellen Puls
1901	Über Isometrie und Isotonie des Herzmuskels
1902	Lehrstuhl in Gießen
1908/09	Lehrstuhl in München

Aufteilung des Instituts in:
- Physikalisch-Physiologische Abteilung am Physiologischen Institut
- Chemisch-Physiologische Abteilung am Physiologischen Institut

Otto Frank und seine Schüler:

John Seemann (1874–1912), der bei Frank in Gießen lernte, starb unmittelbar, bevor er den Lehrstuhl für Physiologie in Köln als Nachfolger von Max Cremer übernehmen sollte.

Arthur Weber (1879–1975) war Schüler von Frank in Gießen und übernahm als Professor für Balneologie in Bad Nauheim die Balneologische Abteilung. Er engagierte sich für die regelmäßige Anwendung diagnostischer Verfahren wie die Phonokardiografie und insbesondere die Elektrokardiografie.

Hermann Straub (1882–1938) studierte in Tübingen und Berlin, ging zur Weiterbildung nach London und Cambridge und habilitierte 1914 mit dem Thema »Dynamik des Säugetierherzens« an der ersten medizinischen Klinik in München. Von 1919–1928 war Straub Direktor an der Medizinischen Poliklinik und Medizinischen Klinik in Halle; 1929 wechselte er als Klinischer Direktor nach Göttingen.

Emil v. Skramlik (1886–1970) lehrte Physiologie von 1927 bis 1950 in Jena und dann bis 1953 an der Humboldt-Universität in Berlin. Sein primäres Forschungsgebiet war die Sinnesphysiologie.

Amandus Hahn (1889–1952) war ab 1919 in München für den Bereich der physiologischen Chemie verantwortlich. Er war der dritte selbstständige Leiter der Chemisch-Physiologischen Abteilung am von Frank geleiteten Physiologischen Institut nach den beiden Nobelpreisträgern Eduard Buchner und Hans Fischer.

Schüler, die Franks Konzept weiterführten:

Philipp Broemser (1886–1940), nach der Promotion in Marburg 1911 Assistent bei Otto Frank. Habilitierte über Theorie und Technik des Stethoskops.

1922 ao. Professor in München, 1925–1930 in Basel. 1930–1934 Professur in Heidelberg 1934 Nachfolger Franks in München. 1939 Rektor der Universität in München.

Broemser entwickelte neue Methoden der Blutdruckmessung. Theorie der Registriermethoden, Methoden der Kurvenkorrektur (1930).

Richard Wagner (1893–1970), von 1919–1923 Assistent bei Otto Frank; habilitierte bei Trendelenburg; Professuren in Erlangen; Breslau; Innsbruck und dann 1941–1965 München als Nachfolger Broemsers. Er forschte über Regulationsvorgänge und zur Herz-Kreislauf-Physiologie und gilt als einer der Pioniere in der biologischen Kybernetik. Er schrieb über Regulationen im lebenden Organismus (1950).

Karl Wezler (1900–1983), Promotion 1926 in München, wurde Assistent von Frank; 1932 Habilitation. 1938 übernahm er den Lehrstuhl von Arthur Bethe in Frankfurt, der aus rassischen Gründen entlassen worden war. Wezler forschte u. a. über Strömungsgesetze des Kreislaufs. Beitrag zur Dynamik des isolierten, spontan schlagenden Warmblüterherzens (1958).

Otto Franks ›Enkel-Schüler‹ – Heidelberger Schüler
Otto Friedrich Ranke (1899–1959) – Schüler von Ph. Broemser und R. Wagner in München
Hans Reichel (1911–1995)
Erik Wetterer (1909–1990)
Erich Bauereisen (1913–1985)

Program of the Fourteenth Symposium of the IIfTC

»Otto Frank's Pressure-Volume Diagram. The Rosetta Stone of a Developing Cardiology and Cardiosurgery«

1. Jochen Schaefer (IIfTC): Welcome

2. Brigitte Lohff (Professor emerita of Medical History, Medizinische Hochschule Hannover): »Eine gute Theorie ist das praktischste Ding auf der Welt« [»A good theory is the most practical thing on earth.«]

3. Jochen Schaefer (IIfTC): A Short History of the Odyssey of the Initial Reception and Interpretation of Otto Frank's Diagram

4. Johann P. Kuhtz-Buschbeck (Professor, Physiologisches Institut der Christian-Albrechts-Universität zu Kiel): Frank-Starling-Mechanismus: Pressure-Volume Diagrams in Contemporary German Textbooks of Physiology for Undergraduate Students

5. Daniel Burkhoff (Professor, Columbia University, New York): HARVI: Demonstrating and Explaining the Interactive Ventricular Simulation Program. Theoretical Implications and Practical Consequences of Otto Frank's Pressure-Volume Diagram

6. Bernhard Thalheim (Professor, Chair for Informatics and Mathematics, Technology of Informations Systems, Christian-Albrechts-Universität zu Kiel): Reasoning on Models of the Heart

Afterwards: Commemorating the Initiating Symposium of the IIfTC in April 1982 at the Kurklinik Küppelsmühle, Bad Orb, under the auspices of Ulrich Freund, and the seminal contributions of the then students David T. Yue and Daniel Burkhoff (The Johns Hopkins University, Baltimore) in pointing out the pivotal role of calcium++ for the Force-Interveral Relationship of the Heart (FIR)

Cheerful Birthday Dinner (19.30)

Participants

Professor Daniel Burkhoff, M. D., Ph. D., Columbia University New York

Prof. Dr. Wolfgang Deppert, Overbeckstraße 3, 22085 Hamburg

Anne-Kathrin Dieulangard, Am Waldeck 9, 63571 Gelnhausen/Haitz

Dipl.-Sozial Pädagoge Ulrich Freund, Inhaber der Reha-Kliniken Küppelsmühle, 63619 Bad Orb

Reinhilde Freund, 63619 Bad Orb

Prof. Dr. Hans-Carl Jongebloed, Institut für Pädagogik der Christian-Albrechts-Universität zu Kiel, Olshausenstr. 75, 24098 Kiel

Brigitte Kenner, Anton-Musgergasse 24, A-8010 Graz

Dr. Claus Köhnlein, Kurallee 14, 24159 Kiel, Privatdozent Dr. phil., Dr. rer. nat. Björn Kralemann, Institut für Physik der Universität Potsdam, Am Neuen Palais 10, 14469 Potsdam

Prof. Dr. Johann Kuhtz-Buschbeck, Physiologisches Institut der Christian-Albrechts-Universität zu Kiel

Prof. Dr. Brigitte Lohff Abteilung für Geschichte, Ethik und Philosophie der Medizin der Medizinischen Hochschule Hannover Carl-Neuberg-Str. 1, 30625 Hannover

Prof. Dr. Ulrich Nellessen, Chefarzt der II. Medizinischen Klinik, Abteilung Kardiologie an das Johanniter-Krankenhaus Genthin-Stendal

Dr. med. Karolin Richter, Kolbergstr. 10, 30175 Hannover

Brigitte Schaefer, IIfTC, 24159 Kiel

Prof. Dr. Jochen Schaefer, Direktor des IIfTC, 24159 Kiel

Kim Schaefer, Kolbergstr. 10, 30175 Hannover

Leon Schaefer, Kolbergstr. 10, 30175 Hannover

Dr. Tim Schaefer, Kolbergstr. 10, 30175 Hannover

Prof. Dr. rer. nat. Bernhard Thalheim, Institut für Informatik, Christian-Albrechts-Universität zu Kiel

Im Hintergrund von links nach rechts:
Hans-Carl Jongebloed, Bernhard Thalheim, Björn Kralemann.
Brigitte Lohff, Claus Köhnlein, Wolfgang Deppert,
Reinhilde Freund, Ulrich Freund, Karolin Richter, Tim Schaefer
Im Vordergrund:
Anne-Kathrin Dieulangard, Jochen Schaefer, Kim Schaefer,
Leon Schaefer, Johann Kuhtz-Buschbeck
(Auf dem Bild fehlen leider
Daniel Burkhoff, Ulrich Nellessen, Brigitte Schaefer)

Dan Burkhoff and Jochen Schaefer in front of the photographs
of Otto Frank, Hans Reichel, Kiichi Sagawa, David T. Yue

XV. Symposium of the IIfTC
(October 24, 2020, Nortorf)

Topic: *Presentations of recent scientific insights*

The first so-called hybrid Session of the IIfTC (Mixed attendance in person or via video-zoom)

Local organizers: Hans-Carl Jongebloed (Nortorf) und Björn Kralemann (Kiel)

Background/Hintergrund

Die seit Frühjahr 2020 weltweit als Pandemie bezeichneten Infektionen mit dem Virus Corona (COVID-19) und seinen zahlreichen nachfolgenden Mutationen führten zu erheblichen gesetzlichen Beschränkungen für gemeinsame Aktivitäten und Zusammenkünfte privater oder wissenschaftlicher Art. Es darf an die auch international unterschiedlich ausgeprägten Verordnungen und Gesetzgebungen erinnert werden, deren Nichtbeachtung zum Beispiel in England am 7. Juli 2022 sogar zum Rücktritt des Premierministers Boris Johnson als Parteivorsitzenden und ab September 2022 als Premier geführt haben. – Impfstoffe waren am 24. Oktober 2020 noch nicht verfügbar.

Die allgemeinen Empfehlungen des RKI vom 20.11.2020 lauteten: »Daher ist es weiterhin notwendig, dass sich die gesamte Bevölkerung für den Infektionsschutz engagiert, z. B. indem sie Abstands- und Hygieneregeln konsequent – auch im Freien – einhält, Innenräume lüftet und, wo geboten, eine Mund-Nasen-Bedeckung korrekt trägt. Menschenansammlungen – besonders in Innenräumen – sollten möglichst gemieden werden.« (RKI: https://ishort.ink/NdBM)

Unter strikter Einhaltung dieser Empfehlungen entschlossen wir uns das 15. iiftc-Symposium am 24. Oktober 2020 durchzuführen. Keiner der Beteiligten war zuvor oder danach an Corona erkrankt oder infiziert. – Die technischen Voraussetzungen für diese neue Art einer Hybrid-Konferenz waren mit Mischpult für die Video-Elektronik, einer austarierten Leinwand und Beamer gegeben. Alles funktionierte nach der Generalprobe.

Programm

Symposiumsfeier anlässlich Jochen Schaefers 90. Geburtstag (Zeitplan)

15.00–15.30 Uhr	Eintreffen der Gäste
15.30–16.00 Uhr	Begrüßung durch H.-C. Jongebloed – Kaffee und Kuchen Arkady Pikovsky und Misha Rosenblum begannen mit einem fröhlichen jüdischen Geburtstagswunsch (bis 120 Jahre).
16.00–16.20 Uhr	Vortrag Brigitte Lohff: Frühe Ideen der Reanimation durch Elektroschocks, gegliedert in jeweils Neunzig-Jahr-Perioden
16.20–16.40 Uhr	Diskussion: Kralemann, Rosenblum, Kuhtz-Buschbeck, Deppert, Schaefer: Bei Kammerflimmern wird durch Elektroschock synchronisiert, bei Parkinson desynchronisiert, Desynchronisationskrankheiten
16.40–16.50 Uhr	Pause
16.50–17.10 Uhr	Vortrag Wolfgang Deppert: Vorsichtige Einführung in die Bewusstseinsgenetik
17.10–17.30 Uhr	Diskussion zur Frage der Bewusstseinsdefinition: Thalheim, Kralemann, Kuhtz-Buschbeck, Schaefer, Lohff
17.30–17.40 Uhr	Pause
17.40–18.00 Uhr	Vortrag Johann Kuhtz-Buschbeck: Von Aristoteles bis Frank, Starling und Suga
18.00–18.20 Uhr	Diskussion beginnend mit einer schönen Power-Point-Präsentation der seit 2015 gemeinsam veröffentlichten Arbeiten, angereichert durch unerwartete Snapshots von Hiro Suga und Johns-Hopkins-Experiment »Who is who?« Mit Michael Franz, Dan Burkhoff, JS. – Hans-Carl Jongebloed, B. Thalheim, Kuhtz-Buschbeck, JS. Frage der dreidimensionalen Darstellung des Druck-Volumen-Diagramms und didaktische Probleme bei der Vermittlung
18.20–18.50 Uhr	Pause
18.30–18.50 Uhr	Vortrag Hans-Carl Jongebloed: Zur Zweck-Mittel-Rationalität

18.50–1910 Uhr	Breit ausufernde Diskussion über den Rationalitätsbegriff und seine ethischen Implikationen: Deppert, Kralemann, Lattmann, Jongebloed, Schaefer, Lohff
19.10–19.30 Uhr	Pause
19.30 ad libitum:	Gemeinsames Essen – Ausklang

Participants

Prof. Dr. Wolfgang Deppert (präsent)

Prof. Dr. Hans-Carl Jongebloed (präsent)

Frau Jongebloed (präsent)

Dr. med. Claus Köhnlein (präsent)

Privatdozent Dr. Dr. Björn Kralemann (präsent)

Prof. Dr. Peter Krope (per Video, Kiel)

Prof. Dr. Johann Kuhtz-Buschbeck (per Video, Kiel)

Privatdozent Dr. Claas Lattmann (präsent)

Prof. Dr. Brigitte Lohff (per Video, Hannover)

Prof. Dr. Arkady Pikovsky (per Video, Berlin)

Prof. Dr. Michael Rosenblum (per Video, Berlin)

Brigitte Schaefer (präsent)

Prof. Dr. Jochen Schaefer (präsent)

Dr. Nicolaus Wilder (präsent)

Prof. Dr. Bernhard Thalheim (per Video, Finnland)

Privatdozent Dr. Wilhelm T. Wolze (per Video, Kiel)

Seminare

In der Rückschau lassen sich für den Zeitabschnitt von 1985 bis 2022 drei Phasen unterscheiden: Der erste Teil fällt in die Jahre meiner ärztlichen Tätigkeit in Bad Orb von 1985–1996. Mit meiner Entlassung aus dem Landesdienst mit Ablauf des Juni 1985 war auch die Aufhebung des Hausverbots verbunden, sodass ich wieder Lehrveranstaltungen in Kiel anbieten konnte. Mit meinem inzwischen berufenen Nachfolger Rüdiger Simon verabredete ich in angenehmen kollegialen Gesprächen, dass ich in vierzehntägigen Abständen in seiner Klinik für Studenten im Praktischen Jahr kardiologische Seminare anbieten und durchführen konnte. Diese Lehrveranstaltungen fanden bis zum November 1996 statt.

Aus der Wiederaufnahme meiner Lehrtätigkeit und der – begrenzten – Rückkehr in das universitäre Leben in Kiel entstanden zusätzliche, nicht erwartete und für mich sehr förderliche Entwicklungen. Sie ermöglichten mir, mich in interdisziplinäre Lehrveranstaltungen einzubringen, die ab 1986 gemeinsam mit Wolfgang Deppert und Brigitte Lohff[31] konzipiert wurden. Unsere Bekanntschaft und bis heute andauernde Freundschaft geht auf diese Zeit zurück. Beide sind aktiv in die Tätigkeiten des IIfTC eingebunden und haben das Institut maßgeblich durch ihre Persönlichkeit, ihr großes Wissen und Engagement mit geformt.

Deppert, seinerzeit noch Privatdozent, lernte ich im WS 1986/87 nach seiner Vorlesung im Audimax der CAU kennen (s. auch Abschnitt 8 in Schaefer, J., Nordmann, K.-J., Schöttler, M., Schwarzkopf, H.-J., Lattmann, C., Deppert, W., Gelebte Interdisziplinarität. Kardiologie zwischen Baltimore und Kiel und ihr Vermächtnis einer Theoretischen Kardiologie. Herausgegeben und erzählt von Jochen Schaefer unter Mitwirkung von Klaus-Jürgen Nordmann, Michael Schöttler, Hans-Joachim Schwarzkopf, Claas Lattmann und Wolfgang Deppert Leipziger Universitätsverlag, Leipzig 2011). Durch seinen Lehrer Kurt Hübner[32] war ich auf ihn als interessanten und aufgeschlossenen

---

[31] Brigitte Lohff, Professorin und Direktorin des Instituts für Geschichte, Ethik und Philosophie der Medizin an der MH Hannover.

[32] Kurt Hübner (geb. 1921 in Prag), 1960–1971 ordentlicher Professor an der Technischen Universität Berlin und Honorarprofessor an der Freien Universität Berlin, 1971–1988 ordentlicher Professor an der Universität Kiel. 1969–1975 Präsident der Allgemeinen Gesellschaft für Philosophie in Deutschland. Kurt Hübner ist der Hauptvertreter der historizistischen Wissenschaftstheorie.

möglichen Gesprächspartner aufmerksam gemacht worden. Nach
dem unerwarteten Ausscheiden von Kazem Sadegh-Zadeh[33] aus den
Aktivitäten des IIfTC war ich ohne wissenschaftsphilosophischen und
erkenntnistheoretischen Beistand. Zusammen mit Brigitte Lohff, seinerzeit ebenfalls noch Privatdozentin am Kieler Institut für Geschichte
der Medizin, führten wir gemeinsam eine Anzahl von Seminaren
durch, wobei unter anderem Themenstellungen zur Interdisziplinarität, zur Naturheilkunde und zur Physiologie des 19. und 20. Jahrhunderts zur Sprache kamen. Im Durchschnitt besuchten 15 bis 20 Studenten aus verschiedenen Fakultäten diese Veranstaltungen. Nach
dem Weggang von Brigitte Lohff nach Hannover erweiterten wir unsere Lehrveranstaltungen um ökologische Fragestellungen, die entwe-
der im Philosophischen Seminar oder im Ökologie-Zentrum der CAU
stattfanden. Unser interdisziplinärer Lehrkörper wurde zeitweise
durch Wolfram Noodt,[34] Sievers Lorenzen,[35] Hans-Joachim Waschkies,[36] Werner Theobald,[37] Klaus Dierssen,[38] Otto Fränzle[39] und Wilhelm Windhorst[40] erweitert. Aus diesen Aktivitäten resultierten Veröffentlichungen, die unter anderem in den Abschnitten 9 und 10 (siehe
Schaefer, J., Nordmann, K.-J., Schöttler, M., Schwarzkopf, H.-J., Lattmann, C., Deppert, W. Gelebte Interdisziplinarität. Kardiologie zwischen Baltimore und Kiel und ihr Vermächtnis einer Theoretischen
Kardiologie. Herausgegeben und erzählt von Jochen Schaefer unter
Mitwirkung von Klaus-Jürgen Nordmann, Michael Schöttler, Hans-

---

33 Wikipedia (engl.) Art. »Kazem Sadegh-Zadeh«: »Kazem Sadegh-Zadeh is an analytic
    philosopher of medicine. He studied medicine and philosophy at the German universi-
    ties of Münster, Berlin, and Göttingen with Internship and residency 1967–1971, assis-
    tant professor 1972–1982, full professor of philosophy of medicine at the University of
    Münster 1982–2004. – Sadegh-Zadeh is the founder of the analytic philosophy of med-
    icine. His international recognition came especially through his work on clinical logic
    and methodology, including fuzzy logic and artificial intelligence in medicine. He is the
    founding editor of the international journals Metamed, founded in 1977 (current title:
    Theoretical Medicine and Bioethics, published by Springer Verlag) and Artificial Intelli-
    gence in Medicine, founded in 1989 (published by Elsevier). Among his extensive work
    are the following innovative theories: theory of medicine, theory of fuzzy biopolymers,
    the prototype resemblance theory of disease, and theory of the Machina Sapiens.«
34 Wolfram Noodt, Professor für Zoologie am Zoologischen Institut der CAU Kiel.
35 Sievers Lorenzen, Professor für Zoologie am Zoologischen Institut der CAU Kiel.
36 H.-J. Waschkies, Professor für Philosophie am Philosophischen Seminar der CAU Kiel.
37 PD. Dr. Werner Theobald, Zentrum für Ethik der Universität Kiel.
38 Prof. Dr. rer. nat. Klaus Dierssen, Direktorium Ökologie-Zentrum der CAU Kiel.
39 Prof. Dr. Otto Fränzle, Direktor des Geographischen Instituts der CAU Kiel.
40 Dr. sc. agr. Wilhelm Windhorst, Ökologie-Zentrum der CAU Kiel.

Joachim Schwarzkopf, Claas Lattmann und Wolfgang Deppert. Leipziger Universitätsverlag, Leipzig 2011) aufgeführt sind.

Die zweite Phase erstreckte sich von circa 1996 bis 2003 mit Kiel als Mittelpunkt. Sie war der Vorbereitung durch Reisen und Kontaktaufnahmen für das X. Symposium des IIfTC in Kiel: Wissenschaftstheoretische Überlegungen aktueller Forschungsprogramme in den Biowissenschaften, gewidmet, das 2002 als folgende Veröffentlichung erschien.

Deppert, W., Köther, K., Kralemann, B., Lattmann, C., Martens, N., Schaefer, J. (eds.). Selbstorganisierte Systemzeiten. Ein interdisziplinärer Diskurs zur Modellierung lebender Systeme auf der Grundlage interner Rhythmen Leipziger Universitätsverlag, Leipzig 2002.

Die dritte Phase begann 2003 mit Vorträgen Diskussionen, Ausarbeitungen im Hause Schaefer, Schilkseer Straße 221, 24159 Kiel. Diese Zusammenkünfte fanden monatlich statt und wurden protokolliert. Sie umfassten eine Vielzahl von Themenstellungen, die durch die Vielfalt des beruflichen Hintergrunds der Teilnehmer an dieser »Donnerstagsrunde« charakterisiert ist. Ihr gehörten an: Wolfgang Deppert, Hans-Carl Jongebloed, Ulrich Kliegis, Claus Köhnlein, Katrin Köther, Björn Kralemann, Claas Lattmann, Siegfried Munz, Klaus-Jürgen Nordmann, Michael Rahnfeld, Bernhard Thalheim, Nicolaus Wilder, Brigitte Schaefer, Jochen Schaefer sowie häufig eingeladene oder zufällige Gäste. Durch diese »iiftc-gesponserten« kleinen »Symposia«, eingeleitet mit einer gemeinsamen Mahlzeit, entstanden und/oder wurden viele Dissertationen, Habilitationen, Vorträge etc. der seinerzeit jungen Teilnehmer angeregt. – Diese »Donnerstagsrunde« tagte seit 2005 – allerdings in den letzten Jahren mit größeren monatlichen Abständen – bis zum 20. Februar 2020 in unterschiedlicher Zusammensetzung insgesamt mehr als 130 Mal.

Mitwirkende: Wolfgang Deppert, Anne-Kathrin Dieulangard, Hans-Carl Jongebloed, Thomas Kenner, Ulrich Kliegis, Claus Köhnlein, Katrin Köther, Björn Kralemann, Claas Lattmann, Brigitte Lohff, Siegfried Munz, Klaus-Jürgen Nordmann, Michael Rahnfeld, Bernhard Thalheim, Werner Theobald, Nicolaus Wilder, Günther Zick, Brigitte Schaefer, Martin Schaefer, Jochen Schaefer, Tim Schaefer sowie eingeladene oder zufällige Gäste.

In Anbetracht der als geglückt zu bezeichnenden Hybrid-Sitzung anlässlich des XV. Symposiums des IIfTC am 24.10.2020 (siehe dort) haben wir uns entschlossen, sie ab 2021 als Hybrid- oder Zoom-Konferenz etwa drei- bis viermal monatlich fortzuführen.

Die Essenz dieser jeweiligen Tagungen, die wie gesagt ausschließlich als Video-Sitzungen stattfanden, sollen im Folgenden wiedergegeben werden:

a) Topic of the IIfTC-ZOOM meeting 2021-01-29

The biological/medical concept of law
Brigitte Lohff/Jochen Schaefer

The challenge by Immanuel Kant since 1790

»It is indeed quite certain that we cannot adequately cognize, much less explain, organized beings and their internal possibility, according to mere mechanical principles of nature; and we can say boldly it is alike certain that it is absurd for men to make any such attempt or to hope that another Newton will arise in the future, who shall make comprehensible by us the production of a blade of grass according to natural laws which no design has ordered.«

Immanuel Kant: Kritik der teleologischen Urteilskraft, 1975, § 75, p. 516 Kant's Critique of Judgement, translated with Introduction and Notes by J. H. Bernard (2nd ed. revised), p. 312–313 (London: Macmillan, 1914)

Perhaps, in spite of KANT's prognosis, a NEWTON will one day arise who [...] will make the production of a blade of grass comprehensible according to natural laws which no intention has ordered. But it will certainly be a long and stony, but nevertheless very exciting road, which will require not one NEWTON, but many.

Heinz Penzlin, Das Phänomen Leben – Grundfragen der Theoretischen Biologie, p. XI (2014)

On one hand:
»It has long since ceased to be a question of whether the laws of physics and chemistry also have unlimited validity in the realm of the organic nature.

If one disregards incorrigible advocates of vitalistic or spiritualistic schools, no one will deny that all matter, including organisms, consists of atoms.«

»Nor will anyone deny that all physical laws retain their full validity in the organism. So far, at any rate, not a single case has been described that demonstrably violated the physical-chemical laws of inorganic nature, and such a case will probably never occur.«

CF., Penzlin, Grundfragen, p. 42 (2014)

On the other hand:
The fundamental laws of physics and chemistry undoubtedly also determine what happens in organisms.

However, they are not sufficient to adequately explain the phenomenon of biotic organization, such as autonomy, functionality, teleonomy, etc.

Werner Heisenberg rightly concluded from his reflections on the living that »something must be added to the physical and chemical laws before biological phenomena can be fully understood«... (W. Heisenberg Physik und Philosophie, S. 81, 1959)
CF., Penzlin, Grundfragen, S. 47

b) Topic of the IIfTC-ZOOM meeting 2021-05-20

Die Rolle des Zweifel(n)s im wissenschaftstheoretischen Diskurs
Von René-Descartes'-Werk 1641 zu den Positionen von Mark Ian Munroe Noble zwischen 1986–2021

Erste Meditation: Woran man zweifeln kann

In der ersten Meditation wendet Descartes den methodischen Zweifel an. Dabei setzt er nicht bei den einzelnen Erkenntnissen, sondern bei den Prinzipien der Erkenntnisse selbst an, auf die er bis dahin alles stützte, was er für wahr hielt. Zunächst klammert er alle Erkenntnisse aus, die nur mittels sinnlicher Wahrnehmung vermittelt werden. Dann lässt er auch Erkenntnisse beiseite, die Arithmetik, Geometrie und vergleichbare Wissenschaften vermitteln, wie sie von allgemeinen Dingen handeln und bei denen es nicht relevant ist, ob sie wirklich existieren, denn ein böser Dämon (Descartscher Dämon) könnte diese Erkenntnisse auch vorgetäuscht haben. (https://t1p.de/jpib7)

Diskrepanzen zwischen wissenschaftlicher Theorie und Praxis in Bezug auf physiologische Hypothesen

Zusammenfassung: Wir berichten anekdotisch aus eigener Erfahrung über wissenschaftliche Theorien, die als »herrschende Meinung« allgemein akzeptiert wurden, lange nachdem genügend Beweise für ihre Widerlegung gesammelt worden waren. Dies hat uns zu der Meinung geführt, dass der normale wissenschaftliche Prozess, nämlich die Arbeitshypothese, gefolgt von einem experimentellen Test zur Widerlegung, durch die »herrschende Meinung«, gefolgt von einem Experiment zur Bestätigung, ersetzt wird. Die scheinbar weitverbreitete

Übernahme dieses Verfahrens kann zum Teil auf die Notwendigkeit zurückgeführt werden, dass Mitarbeiter, die ein neues Forschungsgebiet betreten, Zuschüsse erhalten und ihre Ergebnisse veröffentlicht werden.

Mark I. M. Noble, Angela J. Drake-Holland in Theoretische Medizin (1986) Theoretische Medizin Band 7, Seiten 219–231 (1986))

We have had what I hope readers will have found an interesting debate play out on the pages of Experimental Physiology in recent weeks. It evolved from an editorial written by Damian Bailey (2019a). This prompted a letter to the editor from Mark Noble (2019a) and a reply from Damian Bailey (2019b). The letter from Mark Noble prompted a response from David Miller and David Eisner (2019), in which they disagree with the ideas and opinions presented by Mark Noble in his letter. Mark Noble (2019b) responded to the criticisms. – Mike Tipton Experimental Physiology

The key point here is we should not reject work or opinions that challenge the status quo, even if we are entirely unconvinced by the arguments. All theories and hypotheses, however established they might be, need to be challenged on a regular basis – what doesn't kill you makes you stronger. Having said that, we have to be careful not to publish and promulgate things that are clearly incorrect (fake science). Despite our best intentions opinion rather than proven facts can have a significant (if unintentional) influence on our decision making.

Mike Tipton Experimental Physiology Editor 2019

At this point, we depart from the recent papers and their specific content and travel to the heart of the question: how do we decide what is, and is not, published? This is sometimes not as transparent and straightforward as it might at first appear, and with the increasing availability of science on pre-print servers, open access websites and blogs, where peer review is left to the readers, it is an area that has critical implications for the future of publishing and what we believe to be true. Let me declare my position: I am yet to be convinced that the publication or presentation of research (e. g. on websites, in the media/social media) that has not been peer reviewed is good for science, students of science and the pursuit and promulgation of truth. There is an assumption of an informed readership and engagement by ›reviewers‹ post-publication that is often not present. Furthermore, research, although founded on ideas, has attendant methods, analysis and interpretation that are still best evaluated by specialist expert peer review before dissemination.

Mike Tipton Experimental Physiology Editor 2019

At a time when belief increasingly ›trumps‹ fact in the pursuit of truth, I would like to thank all of those who have contributed to the public presentation of their ideas and constructive criticism in the Editorials, Viewpoints and Letters to the Editor in Experimental Physiology on electrophysiology and other topics. They demonstrate, in a transparent and informative way, the lengths to which we must go before we call something ›a fact‹: a timely and important reminder of the work required to establish truth, and the importance of science, criticism and open debate in that process.

References:

Bailey, D. (2019a). Making sense of oxygen; quantum leaps with ›physics-biology‹. Experimental Physiology, 104, 453–457. https://doi.org/10.1113/EP087546. Wiley Online Library PubMed Web of Science®Google Scholar

Bailey, D. (2019b). Electrons or ions? That is the (quantum) question. Experimental Physiology, 104, 985–986. https://doi.org/10.1113/EP087660. Wiley Online Library PubMed Web of Science®Google Scholar

Miller, D., & Eisner, D. (2019). Electro-physics-biology clarified? No spooky action required. Experimental Physiology, 104, 1432–1433. https://doi.org/10.1113/EP087931. Wiley Online Library PubMed Web of Science®Google Scholar

Noble, M. (2019a). Electro-physics-biology, Experimental Physiology, 104, 983–984. https://doi.org/10.1113/EP087623. Wiley Online Library PubMed Web of Science®Google Scholar

Noble, M. (2019b). Response to Eisner and Miller. Experimental Physiology, 104, 1434. https://doi.org/10.1113/EP087965. Wiley Online Library PubMed Web of Science®Google Scholar

Pinker, S. (2006). Introduction. In J. Brockman (Ed.), What is your dangerous idea? (pp. xvii–xxviii). London: Pocket Book. Google Scholar https://en.wikipedia.org/wiki/Steven_Pinker

»Im Innersten wird das Universum von einem stetigen, eindringlichen Rhythmus bestimmt – dem Takt gleichzeitiger, synchroner Schwingungen. Er durchzieht die Natur auf jeder Größenskala, vom Atomkern bis zum Kosmos.« – »Selbst unsere Körper sind Symphonien aus Rhythmus, am Leben erhalten durch das unermüdliche koordinierte

Feuern Tausender von Schrittmacherneuronen in unserem Herzen. In allen Fällen kommen diese Leistungen des Synchronismus spontan zustande, beinahe so, als sei die Natur von einer geheimnisvollen Sehnsucht nach Ordnung beseelt.«

Steven Strogatz, Vorwort, in: SYNCHRON vom rätselhaften Rhythmus in der Natur, Berlin: 2004, S. 9
Erste Ansätze zur Mikrokosmos-Makrokosmos-Analogie und zur Homöostase
Exkurs: Antikes (Gesundheit-)Krankheits-Konzept
Erster Protagonist: Alkmaion (~500 v. Chr.) Naturphilosoph und Arzt

c) Topic of the IIfTC-ZOOM meeting 2021-08-21

Gedankenansätze zu Essay III über zirkadiane Rhythmen Jochen Schaefer/Brigitte Lohff, Das übergreifende Phänomen

d1) Topic of the IIfTC-ZOOM meeting 2021-10-26 (Nachlese M. I. M Noble)

»We have had what I hope readers will have found an interesting debate play out on the pages of Experimental Physiology in recent weeks. It evolved from an editorial written by Damian Bailey (2019a). This prompted a letter to the editor from Mark Noble (2019a) and a reply from Damian Bailey (2019b).

The letter from Mark Noble prompted a response from David Miller and David Eisner (2019), in which they disagree with the ideas and opinions presented by Mark Noble in his letter. Mark Noble (2019b) responded to the criticisms. (https://t1p.de/0q540)

It is remarkable that any electron flow through the cellular gels is largely ignored in classical texts on cell physiology, which also incorrectly treat the intracellular milieu as a fluid. Dr. Noble offers a novel and tantalizing challenge to the aspiring physiologist by suggesting the incorporation of electron distribution on the cellular gel proteins in the physiology of electrical and contractile properties. The book, b\ doing so, brings cell physiology indeed closer to the realm of modern physics.«

Henk e d j ter Keurs, professor emeritus, university of Calgary, Canada

»Scientific progress thrives on controversies. This book contributes significantly to that essential, ongoing process and discusses the nature of physiological mechanisms fundamental to life itself from an electron-based perspective. It is written by an established scientist in such a way that the reader is drawn into the debate. The content is accessible and of interest to a wide readership.«

Gijs Elzinga, Retired Professor, The Netherlands

»Mark Noble has had a long and distinguished career in academic and cardiac medicine ... much of which has focused on electrophysiological mechanisms controlling rate, rhythm and contractile behavior of the heart. This book, which draws on reflections in his retirement, is a fascinating and iconoclastic survey of electrophysiological processes in both cardiac and many other excitable tissues in the animal kingdom which will interest and alter the understanding of both clinicians and basic scientists in many disciplines.«

Anthony Seed, Professor Emeritus, Imperial College London, UK

»This book delivers a critical analysis of electric phenomena in physiology from the cellular to the systemic level. Dr. Noble's own very successful career in physiology is the breeding ground for his thinking reflected in this book. as usual with his work. He dares to question general accepted theories and that alone makes this monograph worth reading. it will help the reader in developing his/her own independent scientific mind.«

Jos Ae Spaan, Professor Emeritus, Amsterdam University Medical Centers, The Netherlands

»If, with Rene Descartes, one is convinced of the role of doubt and second-guessing in scientific-philosophical discourse and that very unusual ideas should be discussed apart from the established mainstream. Noble has taken up the challenge with this book. In his new work, he not only questions the standard concepts of electrophysiology and calls them inadequate, but also puts up for discussion a highly stimulating panorama of ideas about theories of physiological processes – including quantum physical considerations – in the whole of biology and challenges us to refute or validate them.«

Jochen Schaefer, Retired Professor, IIfTC, Germany

»Professor Noble takes a stab at explaining electrophysiology of excitable cells in terms o f quantum physics. A the core of his daringly bold concept he replaces cation inflow as a cause for depolarization of excitable cells with efflux of electrons provided by mitochondria. Even though the argumentation is yet to be supported by a similarly vast experimental body of evidence as conventional concepts of cellular electrophysiology, ms boon is a truly challenging, thought-provoking reading experience.«

Ursula Ravens Senior Professor, Technische Universität Dresden, Germany

»Mark was able to explain complicated physiological phenomena in a comprehensive way. He is open-minded and likes new and challenging ideas.«

Björn Wohlfart, Professor, Lund University, Sweden

d2) Topic of the IIfTC-ZOOM meeting 2021-10-26

(Vom Askleipion, vom Schlafen und der Diätetik)
Brigitte Lohff
Apollon, Asklepios, das Asklepion
Über den Tempelschlaf, Träume und Heilung zu Hippokrates

e) Topic of the IIfTC-ZOOM meeting 2022-01-27

Das Ganzheitliche in der Medizin anhand der Entwicklung von Kur- und Reha-Medizin (Reha-Kliniken Küppelsmühle Bad Orb)

- Wir berücksichtigen im Rehabilitationsprozess die Rolle der Angehörigen und beziehen diese angemessen mit ein.
- Wir bemühen uns um Vertrauen und Zufriedenheit durch unsere besonders freundliche und offene Art, mit der wir den Patienten entgegentreten.
- Grundlagen unserer Arbeit sind die neuesten wissenschaftlichen Erkenntnisse und unsere Qualitätsorientierung.
- Wir stimmen die geeigneten Therapiemaßnahmen im multiprofessionellen Team und in Zusammenarbeit mit den Patienten ab.
- Wir bemühen uns stets, unsere Leistung gegenüber unseren Patienten, Partnern und Mitarbeitern transparent zu gestalten.

- Wir bekennen uns zur besonderen Mitverantwortung für Umwelt und Natur. Auch eine intakte Umwelt trägt zur Gesundheit der Menschen und zur Vermeidung von Krankheit bei.
- Wir sehen jeden Patienten in seinem persönlichen Umfeld und berücksichtigen dies bei seiner individuellen Behandlung.
- Wir betrachten jeden Patienten ganzheitlich und versuchen, bei der Behandlung auf seine körperlichen, geistigen und seelischen Bedürfnisse einzugehen und seine vorhandenen Ressourcen zu aktivieren und zu stärken.
- Wir beziehen die Patienten aktiv in ihren Rehabilitationsprozess ein und vereinbaren mit ihnen konkrete und individuelle Reha-Ziele.
- Wir leisten unseren Patienten Hilfe zur Selbsthilfe.
- Wir versuchen, bei unseren Patienten die Eigenverantwortung für ihre Gesundheit zu stärken.
- Wir versuchen, unsere Patienten zu einer gesunden Lebensführung zu motivieren, um eine nachhaltig positive Wirkung zu erzielen.

Gilt ein solcher ganzheitlicher Ansatz auch heute noch in der alltäglichen Arzt-Patienten-Beziehung oder ist er nur ein überliefertes Wunschdenken an vergangene »bessere« Zeiten und an den allwissenden Hausarzt?

DER ARZT IM TECHNISCHEN ZEITALTER*
Karl Jaspers, Basel
Klinische Wochenschrift (1958):

Alles scheint in bester Ordnung. Täglich werden die großen therapeutischen Erfolge an zahllosen Kranken erzielt. Aber erstaunlich: Es wächst eine Unzufriedenheit bei Kranken und Ärzten. Seit Jahrzehnten ist zugleich mit dem Fortschritt die Rede von einer Krise der Medizin, von Reformen, von Überwindung der Schulmedizin und Neugründungen der gesamten Krankheitsauffassung und des Arztseins.

Woran liegt das?

Erstens: Die soziologischen Folgen des technischen Zeitalters wirken durch Organisation des Arztwesens auf den ärztlichen Beruf bis zur Bedrohung der Idee des Arztes selber.

Zweitens: Die naturwissenschaftliche Medizin hat eine Tendenz, sich dem Exakten zu unterwerfen, statt es zu nutzen, den Arzt durch den Forscher überwältigen zu lassen.

Drittens: Da an der Grenze der naturwissenschaftlichen Möglichkeiten das ärztliche Tun nicht aufhört, gerät der Arzt an ihr in Verwirrung, hineingezwungen in die Glaubens- und Ziellosigkeit vieler moderner Menschen und des öffentlichen Zustands überhaupt.

f) Topic of the IIfTC-ZOOM meeting 2022-09-29

Vorstellung des gerade erschienenen Buches:
Cardio-Physiology challenging Empirical Philosophy
Brigitte Lohff, Jochen Schaefer, Johann Kuhtz-Buschbeck, Bernhard Thalheim, Ekkehard Rumberger
BoD 2022

With this volume of three essays, the authors want to create an opportunity for dialogue between different disciplines by taking a closer look at three cardio-physiological examples. In the essays presented, we will look at the exploration of different cardiological topics from the 20th century, all of which have contributed to a better understanding of certain aspects of cardiac activity. Not only do these insights provide a more complete picture of these cardiac phenomena, but it is also within this context that we can look for and into the patterns of regularities which govern this living organism. Our goal is to stimulate a dialogue on the philosophy of science in the spirit of Hans Reichenbach.

Colloquia & Workshops

Das Institut hat in seiner Geschichte folgende Colloquia und Workshops veranstaltet:

- First Colloquium and Second General Assembly of the Institute at the Johns Hopkins University, the Department of Biomedical Engineering, Cardiovascular Group (17.02.1987, Baltimore, Maryland). Topic: »Methodology and definition of cardiac contractility«
- Combined meeting with the British Society for Cardiovascular Research (29.04.1988, Guildford and Midhurst Medical Research Institute and Henry VIIth Hospital, Midhurst). Lecture: »Historical Review: Some Reflections on Bowditch's original work: A Philosophy of Science Point of View, and implications for present Research on force-interval relations« (Local organizers: Angela Drake-Holland, Mark I. M. Noble). For this meeting a translation of Bowditch's original paper »Über die Eigenthümlichkeiten der Reizbarkeit, welche die Muskelfasern des Herzens zeigen.« [On the pecularities of excitability which fibres of cardiac muscle show] (Berichte der Königlich-Sächsischen Gesellschaft der Wissenschaften, Mathematisch-physische Classe, 1871, 23, 652–689) into English was prepared. A complete translation with commentaries was worked out together with W. A. Seed und M. I. M. Noble. For the first time in the English language, it has been published in the book »The Interval-Force Relationship of the Heart: Bowditch revisited«, edited by M. I. M. Noble und W. A. Seed, Cambridge University Press 1992.
- Second Colloquium of the Institute at the Johns Hopkins University, Department of Biomedical Engineering (22.11.1988, Baltimore, Maryland). Topic: »Controversies surrounding the definition of myocardical contractility«
- International Erwin-Riesch-Symposium at the University of Tübingen (2.6.1988, Tübingen). Workshop in memory of Otto Frank under the auspices of the IIfTC: »Evaluation of Cardiac Contractility« (Local organizer: R. Jacob). Following the suggestion of Kiichi Sagawa at the occasion of his visit to Berlin, June 05–08, 1988, after the symposium in Tübingen, a translation of Otto Frank's »Die Grundform des Arteriellen Pulses« into English was begun as a cooperation between Reidar K.

Lie, Kiichi Sagawa and Jochen Schaefer. It was published as: »Translation of Otto Frank's Paper ›Die Grundform des Arteriellen Pulses‹ Zeitschrift für Biologie 37: 483–526 (1899). A collaboration between Kiichi Sagawa, Reidar K. Lie and Jochen Schaefer« (Journal of Molecular and Cellular Cardiology 22: 253–277, 1990), with an editorial comment of A. M. Katz (Journal of Molecular and Cellular Cardiology 22: 254, 1990).

- Brainstorm-Meeting of the IIfTC (13.06.1992, Frankfurt). Topic: »Problems of ›Measurement of Success‹ in Rehabilitative Medicine« (Local organizer: Jochen Schaefer)
- At the occasion of the »Jahrestagung der Deutschen Gesellschaft für Medizinische Dokumenation und Statistik«, 13.–17.09.1998, Bremen (14.09.1998): Discussion between Ron Brookmeyer, Johns Hopkins University, School of Public Health, Janke Jörn Dittmer, Cambridge University, Rainer Frentzel-Beyme, Bremer Institut für Präventionsforschung und Sozialmedizin, University of Bremen, Jochen Schaefer. Topic: »Insecure Science« (Local organizer: Rainer Frentzel-Beyme)
- International Colloquium with James R. Thompson, Noah Harding, Professor of Statistics, Department of Statistics, Rice University, Houston, Texas (21.06.1999, Kiel at the International Institute for Theoretical Cardiology, Kiel-Schilksee). Topic: »Dennis Bregman's predictions and the course of the AIDS epidemic in the United States of America« (Local organizer: Jochen Schaefer) (Dennis Bregman, Ph. D., was Director of Statistics, Viral Diseases, AIDS Activities, and the National Morbidity and Mortality Disease Reporting (MMWR) Activity at the Centers for Disease Control and Prevention, Atlanta, GA, from 1975 to 1986. He died on 28 May 1999 in consequence of a heart attack.)

Insecure Science

Kolloquium des International Institute for Theoretical Cardiology zu Ehren Dennis Bregmans, Ph. D.

Ort: IIfTC, Schilkseer Straße 221, 24159 Kiel-Schilksee,
Datum: Montag, 21. Juni 1999, 14.30 bis 21.30 Uhr

Anwesend: Wolfgang Deppert, Rainer Frentzel-Beyme, Claus Köhnlein, Katrin Köther, Björn Kralemann, Claas Lattmann, Brigitte Schaefer, Jochen Schaefer, James R. Thompson

I. JS gab eine Einführung, wie das Projekt Insecure Science entstand und was bis jetzt erreicht worden ist.

Bei diesem Kolloquium sollte auf die Probleme in der Epidemiologie, besonders hinsichtlich der AIDS-Epidemie, eingegangen werden. Dabei sind die folgenden fünf Punkte von Interesse:

1) In den letzten Jahren hat die HI-Virologie große Forschungserfolge errungen. Dieses Wissen hatte keine messbaren Auswirkungen in Bezug auf die Entwicklung einer wirksamen Therapie von AIDS oder der HIV-Infektion.

2) Die AIDS-Forschung wurde gegenüber der Erforschung von ungleich verbreiteteren Krankheiten wie Krebs oder Herzkrankheiten bevorzugt. Die Gründe hierfür müssten untersucht werden.

3) Die AIDS-Epidemiologie hat Probleme, die ihre Ursache haben

   – in den mathematischen Verfahren, die in der Epidemiologie zur Voraussage der AIDS-Epidemie angewandt werden,

   – in der Sammlung und Bewertung der für die Diagnosestellung benutzten Daten,

   – in der Verlässlichkeit der Datenerhebung.

4) Aus 3. ergibt sich die Frage, ob es sich bei AIDS um eine Infektionskrankheit nach klassischen Kriterien handelt.

5) Welche Konsequenzen ergeben sich aus 1.) bis 4.) für die Bewertung der Epidemiologie als Wissenschaft?

II. JRT stimmte im Wesentlichen zu. Zu Folgendem machte er im Einzelnen Ausführungen:

1) In den USA gibt es Wissenschaftler, die die AIDS-Epidemie mathematisch modellieren, und andere Wissenschaftler, die theoretische Modelle der Epidemie entwerfen, aber zwischen diesen beiden besteht keine Verbindung.

2) Krebs- und herzkranke Personen gehören meist einer älteren Altersgruppe an. An AIDS erkrankten hauptsächlich Homosexuelle Anfang zwanzig. Dadurch entstand ein erheblicher politischer Druck.

3) Es gibt zwei verschiedene Modellsysteme, linear-deterministische und stochastische. Erstere beruhen auf den epidemiologischen Modellen des 19. Jahrhunderts, zum Beispiel dem von Farr. Die stochastischen entstanden erst in neuerer Zeit und sind oftmals wissenschaftspolitisch motiviert, zum Beispiel für Fundraising; für sie stehen allerdings die notwendigen brauchbaren Daten nicht zur Verfügung. Beim Sammeln der Daten besteht besonders bei Homosexuellen das Problem, die Privatsphäre schützen zu müssen. Um dieses Problem zu umgehen, wurden riesige Summen für im Prinzip sinnlose statistische Tests ausgegeben und dadurch eine brauchbare Datensammlung verhindert.

4) Die Prinzipien und Kriterien der klassischen Epidemiologie (u. a. die Koch'schen Kriterien) können bei den heutzutage neu auftretenden Epidemien, deren Ursachen nicht als monokausal analysiert worden sind, nicht mehr angewendet werden. Ein besonderes Merkmal dieser Krankheiten stellt die lange Inkubationszeit dar. Dadurch hat sich die gesamte Epidemiologie dramatisch verändert.

III. Generelles und Diskussion

JRT legte während des Kolloquiums ausführlich seine Ansicht über die Politik der CDC dar:

In den USA ergriffen die CDC bei Ausbruch der AIDS-Epidemie im Gegensatz zu anderen Ländern keine Maßnahmen. Sie befolgten nicht die Ratschläge von Wissenschaftlern, unter anderem nicht den Vorschlag, die Badehäuser zu schließen. Den CDC sei eine Vertuschungspolitik vorzuwerfen: Sie verzerrten bewusst Daten, um eigene Fehler zu vertuschen, und unterdrückten andere Meinungen. Als Beispiel führte er das Golfkriegssyndrom an, das sich auf die Verabreichung von Medikamenten an amerikanische Soldaten zurückführen lasse, nicht aber, wie nach Auffassung der CDC, ein psychologisches Problem sei. Des Weiteren verhinderten sie öffentliche Diskussionen von Wissenschaftlern, so würden zum Beispiel keine kontroversen AIDS-Artikel in Journalen veröffentlicht, die mit Regierungsgeldern finanziert werden. Wissenschaftlern, die nicht Positionen des Mainstreams vertreten, würden die Forschungsgelder gestrichen. Das hat zur Folge, dass diese Positionen nicht öffentlich unterstützt und bekannt würden. Wenn doch, seien die Reaktionen darauf hysterisch und stark emotional. Die CDC fällten ihre Entscheidungen unter großem politischem Druck; so könnten beispielsweise die Badehäuser nicht geschlossen werden, da dies eine Diskriminierung der Homosexuellen bedeutete. Ein solches Vorgehen brächte den Politikern eine geringere Zustimmung in der Bevölkerung ein. Aufgrund dieser Entscheidungen, die die CDC trafen, sollte ein westeuropäischer Staat die USA vor dem Weltgerichtshof verklagen.

Im weiteren Verlauf wurde darüber diskutiert, ob AIDS eine durch Erreger verursachte Krankheit ist oder nicht. CK betonte, dass die Methoden, um Mikroben nachzuweisen, wesentlich genauer geworden seien (Forschungserfolge der Virologie). Das hat zur Folge, dass einzelne Moleküle anhand von Polymerase-Aktivitäten nachgewiesen werden können. Mittlerweile zählen zum Feststellen einer AIDS-Erkrankung nur noch Labor-Diagnosen und keine klinischen Diagnosen mehr. WD wies auf ein Kausalitätsproblem hin: Es sei nicht nachgewiesen, dass HIV der Verursacher von AIDS wäre; da es aber AIDS-Fälle ohne das Vorhandensein eines HI-Virus gebe, sei eine Kausalität nicht gegeben. CK bemerkte dazu, dass die Definition zirkulär sei: Wenn kein HI-Virus nachgewiesen werden könne, sei der Patient auch nicht an AIDS erkrankt.

Die Daten, die die CDC herausgeben, zeigen ein Absinken der Sterberate. Von den Anwesenden wurde versucht, dieses Absinken zu erklären: CK war der Meinung, dass der große Anstieg der Sterberate vor ihrem Abfall durch den Einsatz von AZT seit 1987 und die verwendete hohe tödliche Dosis des Medikaments hervorgerufen wird. Das Absinken ist eine Folge der späteren Verringerung der Dosis auf eine nicht mehr tödliche Menge. JRT führte das Absinken auf Therapieerfolge, auch durch AZT, zurück. Er überlegte, ob eventuell auch ein Angst-Effekt zu einer Verhaltensänderung der Homosexuellen geführt haben könnte.

Es folgte ein philosophischer Disput zu grundlegenderen erkenntnistheoretischen Fragestellungen. Die dabei von den einzelnen Diskutan-
ten vertretenen Positionen werden nachfolgend thesenartig wiedergegeben.

JRT — Es gibt eine einzige Wirklichkeit, die jeder bei Vorhandensein aller Information in der gleichen Weise wahr-
nehmen und beschreiben kann. Vielerorts wird die ob-
jektive Realität verneint; dies ist postmodernistisch,
hervorgerufen durch Kuhn. Dadurch wird Wissenschaft politisch.
— Wenn verschiedenen Personen die gleichen Daten zur
Verfügung stehen, kommen sie prinzipiell zu demsel-
ben Ergebnis und treffen dieselbe Entscheidung.
— Aus der Fuzzy Logic und der Chaostheorie entstand
nichts, und sie haben keine Substanz. Alles lässt sich
in Wahrscheinlichkeiten und Möglichkeiten beschreiben. (Bayes)

JS — Fuzzy-Kriterien sind wichtig in der Medizin, zum Beispiel bei der Entscheidung, inwieweit ein Patient untersucht werden soll oder nicht.
— Zu den gleichen Ergebnissen gelangen Personen nur in
klaren Fällen.

WD — Wenn jeder zum gleichen Ergebnis käme, wäre dies
eine ideale Welt.
— Die Wirklichkeit wird von jedem Menschen anders
wahrgenommen.
— Die Epidemiologie hat Probleme, was Vorhersagen be-
trifft.

IV. JRT hält seinen Vortrag Understanding The AIDS Epidemic. A Modeler's Odyssey

Im Folgenden werden die wichtigsten Thesen zusammenfassend dargestellt. Für Details sei auf das Manuskript verwiesen.

— Die AIDS-Epidemie ist eine Epidemie der Homosexuellen.
— Zu einer Epidemie konnte es nur durch eine hohe Rate sexueller
Kontakte in einer relativ kleinen Gruppe Homosexueller kom-

men, die die weniger aktiven Homosexuellen durch häufige
Partnerwechsel infizierten.

- In den späten 1970er-Jahren wurden die Badehäuser in den
  USA geöffnet, was zur Verdoppelung der Rate der sexuellen
  Kontakte in dieser speziellen Gruppe führte.
- Wenig später traten die ersten AIDS-Fälle auf.
- Eine Ausbreitung der Epidemie durch heterosexuellen Sexual-
  kontakt ist nicht möglich, da fast keine Übertragung des Virus
  von der Frau zum Mann stattfindet.
- Die Entwicklung der AIDS-Epidemie in der Ersten Welt ist an-
  einandergekoppelt. Das legt den Schluss nahe, dass es ein
  »Land Null« der Ausbreitung gibt, von dem die Epidemie aus-
  geht. Dies sind aufgrund ihrer Größe die USA. Die AIDS-Epidemie in Europa ist somit durch den Reiseverkehr induziert.

V. Gegen Ende des Kolloquiums wurde über das trau-
rige Schicksal Dennis Bregmans berichtet.

Nach der Schilderung der Umstände seines Lebens und Todes zeigte
sich JRT sehr betroffen. Der Entwurf und die Veröffentlichung eines
Nachrufs wurden besprochen. JRT erklärte sich gerne bereit, den Entwurf durchzusehen und beratend zur Seite zu stehen. Des Weiteren ist
er bereit, das Manuskript *Insecure Science* zu lesen und bei einer Veröffentlichung hilfreich mitzuwirken. Als Veröffentlichungsmöglich-
keiten nennt er *Scientific American* und *The Houston Spectator* der
National Association of Scholars, Houston.

Kiel, den 07. Juli 1999

Katrin Köther, Claas Lattmann, Jochen Schaefer

Methodology and Definition of Cardiac Contractility (1st Colloquium and 2nd General Assembly of the Institute at the Johns Hopkins University, Department of Biomedical Engineering, Cardiovascular Group)

February 17, 1987, Baltimore, Maryland – Protocol

Present: K. Sagawa, J. Schaefer, K. Schaffner, B. Burkhoff, D. Yue, J. Schipke, R. Lie, B. Schaefer, S. Sugiura

Program

Historical overview on the development of the concept of the endsystolic pressure volume relationship and its modification over the last years (K. Sagawa)

The concept of »contractility« (D. Burkhoff)

Cardiac contractility and theory reduction (K. Schaffner)

After these introductions the possibility of a joint project between philosophers of science and experimental researchers on the concept of contractility was discussed. This project should include the following:

1. Study of the history of the concept of contractility, with particular attention to 1) the changes which the concept has gone through from when it was first introduced, 2) the reasons which were given for the changes, and 3) the possibility of »Kuhnloss«.

2. The present status concerning what is known about the determinants of contractile force, and the relationship between this and the concept of contractility. Specifically, evaluation of the Sonnbeblick article, Katz, contractile proteins, Brian Jewell, Dickerson, Sarnoff. Overview of the various models of muscle contraction.

3. The possible clinical usefulness of the project, and in conjunction with that, an investigation into the justifications which were used to introduce various measures of cardiac »strength« (ejection fraction, dP/dt etc.).

4. Based on the above, a discussion into whether the concept is at all needed, should be modified, or retained. In this dis-

cussion one should distinguish between a) clinical usefulness, b) usefulness at the whole heart level, and c) usefulness
at the muscle level.

Controversies surrounding the definition of myocardical contractility (Second Colloquium of the Institute at the Johns Hopkins University, the Department of Biomedical Engineering)

November 22, 1988, Baltimore, Maryland

A) Agenda

1.1. Discuss the feasibility of a SIMON type study for the discovery and development of the ESPVR Relationship (see notes by Kenneth Schaffner on Scientific discovery, Artificial Intelligence and Theoretical Cardiology [June 4, 1988] and the paper by D. Kulkarni, H. A. Simon, The processes of Scientific Discovery: The strategy of Experimentation. Cognitive Science 12, 139–175 [1988]).

1.2. Development of a research proposal on the development of cardiac mechanics consisting of the following components (in continuation of the outlines given by Dan Burkhoff at the first Colloquium of the IIfTC on February 17, 1987):

1.2.1. A historical account about the context of German Cardiology 1880–1950; principal investigator: Priv.-Doz. Dr. Brigitte Lohff, Department of History of Medicine, University of Kiel.

1.2.2. An examination of the structure of theories in this field using methods from Artificial Intelligence Research; principal investigator: Prof. Dr. Ken Schaffner, M. D., Ph. D., Dept. Of Philosophy of Science, University of Pittsburgh.

1.2.3. An examination of the relationship between changes in theory and new experimental evidence from 1950–1988; principal investigator: Reidar K. Lie, M. D., Ph. D., Department of Medical Humanities, East Carolina University, Greenville, N. C.

1.2.4. An investigation of the notion of time in the development of this field; principal investigator: Priv.-Doz. Dr. Wolfgang Deppert, Philosophisches Seminar, University of Kiel.

2.0. We should write up a proposal for each one of the components.

3.0. Funding

B)   Additional points of the agenda

1.0.   Completion of an article on invitation by A. M. Katz in response to his editorial in the J. Moll. Cell. Card. 20, 355–366 (1988): Molecular Biology in Cardiology. A Paradigmatic Shift. Our paper should incorporate parts of the lecture given in Halifax, November 8, 1988 on:
Paradigm shifts in Cardiology: A re-examination of Otto Frank's contribution to cardiac mechanics.

2.0.   Completion of an attempt to assess the meeting on »Bowditch Revisited« from a philosophy point of view as the concluding chapter of the planned book: »Bowditch Revisited: The Force-Interval Relationship of the Heart« (to be published by Cambridge University Press, England).

Participants

Dr. Kiichi Sagawa, The Johns Hopkins University

Dr. Ken Schaffner, University of Pittsburgh

Dr. Reidar K. Lie, East Carolina University

Dr. Wolfgang Deppert, University of Kiel, FRG

Dr. Dan Burkhoff, The Johns Hopkins Medical School

Dr. David Yue, The Johns Hopkins Medical School

Dr. Jochen Schaefer, IIfTC, Bad Orb, FRG

Mrs. Brigitte Schaefer, IIfTC, Bad Orb, FRG

Kolloquium des IIfTC anlässlich der Buchvorstellung »Cardio-Physiology challenging Empirical Philosophy«

am 29.09.2022 im Rahmen eines ZOOM-Meetings im Thalheim-Digital-Seminarraum von 19.00 bis 21.15 Uhr

Anwesende (virtuell):

Brigitte Lohff

Hans-Carl Jongebloed

Peter Krope

Claas Lattmann

Arkady Pikovsky

Brigitte Schaefer

Jochen Schaefer

Bernhard Thalheim

Nicolaus Wilder

Wilhelm Wolze (?)

Begrüßung zur Buchvorstellung am 29. September 2022

Ich möchte euch/Sie alle herzlich willkommen heißen zu unserer heutigen Buchvorstellung von »*Cardio-Physiology challenging Empirical Philosophy*«.

Zuvor gestatten Sie mir bitte einige Vorbemerkungen:

Die E-Book-Version des Buches hatten wir schon vor einiger Zeit verschicken können, bei den gedruckten Exemplaren müssen wir uns noch einige Zeit gedulden, wie der Verlag uns mitteilte.

Das Buchprojekt selbst wurde im Herbst 2015 nach meinem 85. Geburtstag zusammen mit unserer **Hauptautorin** Brigitte Lohff, Dan Burkhoff und mir in Bad Orb konzipiert. Wir können es also heute nach sieben Jahren Vorbereitung vorstellen.

Als hochgeschätzte Co-Autoren kamen im Laufe der Zeit Herr Kuhtz-Buschbeck, Bernhard Thalheim und Ekkehart Rumberger hinzu.

Das Buch ist Daniel Burkhoff, David T. Yue und Michael Franz gewidmet, deren Mentor ich über mehr als 40 Jahre sein durfte. Aber es gab natürlich über eine noch viel längere Zeit und davor seit circa 1960 Freunde, Mitarbeiter und Autoren, deren Arbeiten in diesem Buch eine große Rolle gespielt haben.

Dazu gehört unter anderem mein 2018 verstorbener Freund Professor Thomas Kenner, dessen 90. Geburtstag heute wäre und dessen wir aus dem heutigen Anlass gedenken möchten. Aber wir wollen vor allem auch David T. Yues gedenken, der 57-jährig im Dezember 2014 verstarb, und meines engen Freundes Dan Burkhoff, der heute nicht dabei sein kann.

Für viele der Genannten und inzwischen hinzugekommenen jungen Forscher ist das vor mehr als 40 Jahren gegründete IIfTC (International Institute for Theoretical Cardiology) ein Forum und Austauschort wissenschaftlicher, wissenschaftstheoretischer und wissenschaftshistorischer Argumente, Basis und Ursprung vielfacher und vielseitiger wissenschaftlicher Publikationen geworden und gewesen.

Dies wurde auch in einer Publikation von 1987 genauso gefordert und vorausgesehen (Basic Research Cardiology 1987), wie wir aus der nachfolgenden Folie erkennen können.

Letter to the Editors

A place for theoretical cardiology

J. Schaefer[41], R. K. Lie[42], Th. Kenner[43], M. Franz[44], K. F. Schaffner[45], D. Burkhoff[46], K. Sagawa[47], and D. T. Yue[48]

We would like to report on the activities of the newly founded »International Institute for Theoretical Cardiology« (IIfTC). The aim of the institute is to create a forum for the examination of controversies in cardiology, with a special focus upon their philosophical and

---

[41] International Institute for Theoretical Cardiology, Bad Orb, FRG.
[42] University of Minnesota, Minneapolis, Minnesota.
[43] Universität Graz, Graz, Austria.
[44] Stanford University, Stanford, California.
[45] University of Pittsburgh, Pittsburgh, Pennsylvania.
[46] The Johns Hopkins University School of Medicine, Baltimore, Maryland.
[47] Ibd.
[48] Ibd.

epistemological dimensions. In particular, we wonder whether certain controversies can be clarified by an evaluation of the axiomatic foundations underlying the disputes, and not simply solved by the perfunctory acquisition of additional experimental results.

Power-Point Vortrag (11 Folien) von Brigitte Lohff

40 Jahre IIfTC

Diskussion

Hans-Carl Jongebloed merkt an, dass es sich anböte, das von Wolfgang Deppert vorgestellte PEP-System im Rahmen der selbstorganisierten Systemzeiten erneut aufzugreifen, da es weitere Belege für die Beschäftigung mit diesem interessanten Thema gibt.

Wolfgang Deppert, Katrin Köther, Björn Kralemann, Claas Lattmann, Niels Martens, Jochen Schaefer (Hg.)
Selbstorganisierte Systemzeiten. Ein interdisziplinärer Diskurs zur Modellierung lebender Systeme auf der Grundlage interner Rhythmen
Leipziger Universität-Verlag 2002 (https://t1p.de/wio9k)

Publications

(Die Formatierung erfolgte entsprechend unserer Website.)

Burkhoff, D., Schaefer, J., Schaffner, K., Yue, D.T. (eds.)
Myocardial Optimization and Efficiency, Evolutionary Aspects and Philosophy of Science Considerations, Darmstadt – New York 1994 (Supplement to Basic Research in Cardiology, Vol. 88, Suppl. 2, 1993)

Deppert, W., Kliemt, H., Lohff, B., Schaefer, J. (eds.)
Wissenschaftstheorien in der Medizin. Ein Symposium
Walter de Gruyter, Berlin – New York 1992

Deppert, W., Köhnlein, C., Köther, K., Schaefer, J., Theobald W.
Ethische und wissenschaftstheoretische Dilemmata der Epidemiologie am Beispiel divergierender Prognosen zur Ausbreitung von AIDS
Vortrag anlässlich der Jahrestagung der Akademie für Ethik in der Medizin, Leipzig, 4. September 1999

Deppert, W., Köther, K., Kralemann, B., Lattmann, C., Martens, N., Schaefer, J. (eds.)
Selbstorganisierte Systemzeiten. Ein interdisziplinärer Diskurs zur Modellierung lebender Systeme auf der Grundlage interner Rhythmen
Leipziger Universitätsverlag, Leipzig 2002

Deppert, W., Lohff, B., Schaefer, J.
The interdependence of Paradigmatic Shifts and Normal Science: Three Examples in the Field of cardiovascular Science
Editorial. *J. Mol. Cell. Cardiol.* 23: 395–402 (1991)

Köther, K., Kralemann, B., Lattmann, C., Dittmer, J. J., Deppert, W., Schaefer, J.
Predicting the Course of the AIDS Epidemic – lessons learned
An epidemiological analysis with strong implications for future public health policy
Avicenna 2(2): 22–32 (2003)

Kralemann, B., Cimponeriu, L., Rosenblum, M., Pikovsky, A., Mrowka, R.
Phase dynamics of coupled oscillators reconstructed from data
Physical Review E 2008, 77: 066205 (https://ishort.ink/8uGp)

Kralemann, B., Cimponeriu, L., Rosenblum, M., Pikovsky, A., Mrowka, R.
Uncovering interaction of coupled oscillators from data
Physical Review E 2007, 76: 055201(R) (https://ishort.ink/sVVH)

Kralemann, B., Frühwirth, M., Pikovsky, A., Rosenblum, M., Kenner, Th., Schaefer, J., Moser, M.
In vivo cardiac phase response curve elucidates human respiratory heart rate variability
Nature Communications 2013, 4: 2418, DOI: 10.1038/ncomms3418 (https://ishort.ink/L6cZ)

Kralemann, B., Lattmann, C.
Models as Icons: Modeling Models in the Semiotic Framework of Peirce's Theory of Signs
Synthese 2012 (Online First), DOI: 10.1007/s11229-012-0176-x, 26 pp.

Kralemann, B., Lattmann, C.
The Semantics of Models: a Semiotic Philosophy of Science Approach
In: K.-D. Schewe, B. Thalheim (eds.): Semantics in Data and Knowledge Bases. 5th International Workshop SDKB 2011, Zürich, Switzerland, July 3, 2011. Revised Selected Papers, pp. 50–69, Berlin: Springer 2013 (Lecture Notes in Computer Science 7693)

Kralemann, B., Rosenblum, M., Pikovsky, A.
Reconstructing phase dynamics of oscillator networks
Chaos 2011, 21: 025104 (https://ishort.ink/CWcb)

Kuhtz-Buschbeck, J. P., Drake-Holland, A., Noble, M. I. M., Lohff, B., Schaefer, J.
Rediscovery of Otto Frank's contribution to science
Journal of Molecular and Cellular Cardiology 119: 96–103 (2018) (with 249 pages supplemental materials)

Kuhtz-Buschbeck, J. P., Schaefer, J., Wilder, N.
Mechanosensitivity: From Aristotle's sense of touch to cardiac mechano-electric coupling
Progress in Biophysics and Molecular Biology (B) 130: 126–131 (2017)

Kuhtz-Buschbeck, J. P., Schaefer, J., Wilder, N., Wolze, W. T.
The origin of the heart beat and theories of muscle contraction. Physiological concepts and conflicts in the 19th century
Progress in Biophysics and Molecular Biology 159: 3–9 (2021)

Kuhtz-Buschbeck, J., Lie, R. K., Schaefer, J., Wilder, N.
Reassessing Diagrams of Cardiac Mechanics: From Otto Frank and Ernest Starling to Hiroyuki Suga
Perspectives in Biology and Medicine 59(4): 471–490 (2016)

Kuhtz-Buschbeck, J., Schaefer, J.
Das Druck-Volumen-Diagramm des Herzens im Wandel der Zeit
21. Treffen der Ostsee-Physiologen 12./13. Oktober 2016 in Kiel (lecture given on October 13, 2016)

Lattmann, C.
Icons of novel thought. A new perspective on Peirce's definition of metaphor (CP 2.277)
Semiotica 2012, 192: 535–556

Lohff, B., Schaefer, J. in collaboration with
Kuhtz-Buschbeck. J., Thalheim, B., Rumberger E.
Cardio-Physiology Challenging Empirical Philosophy. Three Essays
BoD Norderstedt (2022)

Lohff, B., Schaefer, J., Nierhaus, K. H., Peters, Th., Schaefer, T., Vos, R.
Natural defenses and autoprotection: Naturotherapy, an old concept of healing in a new perspective
Medical Hypotheses 51: 147–151 (1998)

Noble, M. I. M., Schaefer, J., Drake-Holland, A. J., Lohff, B., Kuhtz-Buschbeck, J.
Translation of Otto Frank's paper: »Die Arbeit des Herzens und ihre Bestimmung durch der Herzindicator«
(Vorgetragen am 29. November 1898. Sitzungsbericht Gesell. Morphol. Physiol. 14: 147–156)
Scottish Cardiological Forum at Glasgow 2017, Poster Presentation

Sagawa, K., Lie, R. K., Schaefer, J.
Translation of Otto Frank's Paper: »Die Grundform des arteriellen Pulses«
Zeitschrift für Biologie 37: 483–526 (1899). A collaboration
J. Mol. Cell. Cardiol. 22: 253–277 (1990).
With an editorial comment by A. M. Katz
J. Mol. Cell. Cardiol. 22: 254 (1990)

Schaefer J., Kuhtz-Buschbeck J. P.
Earliest (?) observation of mechano-transduction in publications of Otto Frank (1895) and Carl Lüderitz (1880)
MEC 2016 7th International Workshop Cardiac Mechano-Electric Coupling and Arrhythmias, Freiburg, Germany, 21–24 September 2016 (Poster 39)

Schaefer J., Lie, R., Sagawa, K.
Paradigm shifts in cardiology: A re-examination of Otto Frank's contributions to cardiac mechanics
Proceedings of The 9th International Conference and Satellite Symposium 1988, Halifax, Nova Scotia, Canada, pp. 93–94

Schaefer, J., Deppert, W., Kralemann, B.
Das Risikofaktorkonzept in der Medizin: Kritik, Probleme und Grenzen seiner Anwendung
In: Breckling, B., Müller, F. (Hrsg.): Der Ökologische Risikobegriff. Beiträge zu einer Tagung des Arbeitskreises Theorie in der Gesellschaft für Ökologie vom 4.–6. März 1998 im Landeskulturzentrum Salzau (Schleswig-Holstein), S. 191–202, Frankfurt am Main 2000 (Theorie in der Ökologie, Bd. 1)

Schaefer, J., Deppert, W., Lie, R. K., Lohff, B., Noble, M. I. M.
Historical note on the translation of H.P. Bowditch's paper: »Über die Eigenthümlichkeiten der Reizbarkeit, welche die Muskelfasern des Herzens zeigen« (On the pecularities of excitability which the fibres of cardiac muscle show)
In: M. I. M. Noble and W. A. Seed (eds.): The Interval-Force Relationship of the Heart, pp. 31–39, Cambridge University Press 1992
(https://ishort.ink/fw9P)

Schaefer, J., Deppert, W., Lie, R. K., Lohff, B., Noble, M. I. M.
Translation of H. P. Bowditch's paper: »Über die Eigenthümlichkeiten der Reizbarkeit, welche die Muskelfasern des Herzens zeigen« (On the pecularities of excitability which the fibres of cardiac muscle show)
In: M. I. M. Noble and W. A. Seed (eds.): The Interval-Force Relationship of the Heart, Cambridge University Press, pp. 3–30, 1992
(https://ishort.ink/fw9P)

Schaefer, J., Kenner, Th.
Perspectives and Foundational Problems in Theoretical Cardiology
eds.: Jochen Schaefer and Thomas Kenner
Theoretical Medicine, Vol. 7, pp. 215–217 (1986)

Schaefer, J., Kralemann, B.
The plausibility-trap. An essay on problem-orientated acting in cardiology
Avicenna 2(3): 3–12 (2003)

Schaefer, J., Kuhtz-Buschbeck, J. P.
Mechano-sensitive, myogenic, or neurogenic cause of the heart beat: A 19th century physiological debate. Is it closed?
MEC 2019 8th International workshop Cardiac mechano-electric coupling and arrhythmias
Abstract 41
Freiburg, Germany, 04–07 September 2019, Proceedings

Schaefer, J., Kuhtz-Buschbeck, J. P.
Myogenic or neurogenic origin of the heart beat? A 19th century physiological debate
Notions of Albrecht von Haller, Johannes Müller, Theodor Engelmann, Edward A. Schäfer
MEC 2019 8th International workshop Cardiac mechano-electric coupling and arrhythmias, Poster 41
Freiburg, Germany, 04–07 September 2019

Schaefer, J., Lie, R. K., Kenner, Th., Franz, M., Schaffner, K. F., Burkhoff, D., Sagawa, K., Yue, D. T.
A place for theoretical cardiology
Basic Research Cardiology 82: 317–318 (1987)

Schaefer, J., Lie, Reidar K., Deppert, W., Burkhoff, D.
Historical review: some reflections on Bowditch's original work, a philosophy of science point of view, and implications for present research on force-interval relations
Cardiovascular Research 22: 585 (1988)

Schaefer, J., Lohff, B., Dittmer, J. J.
Review. Carl Ludwig's (1847) and Pavel Petrovich Einbrodt's (1860) physiological research and its implications for modern cardiovascular science: Translator's notes relating to the English translation of two seminal papers
Progress in Biophysics and Molecular Biology 115: 154–161 (2014)

Schaefer, J., Lohff, B., Kenner, Th.
Carl Ludwig & Pavel Petrovič Einbrodt and Mechano-Electric Coupling
MEC 6th International Workshop on Cardiac Mechano-Electric Feedback

and Arrhythmias, Oxford 12–15 September 2013, Cardiac MEC and Arrhythmias 2013. Poster 20

Schaefer, J., Nierhaus, K. H., Lohff, B., Peters, Th., Schaefer, T., Vos, R.
Mechanisms of autoprotection and the role of stress-proteins in natural defenses, autoprotection, and salutogenesis
Medical Hypotheses 51: 153–163 (1998)

Schaefer, J., Nordmann, K.-J., Schöttler, M., Schwarzkopf, H.-J., Lattmann, C., Deppert, W.
Gelebte Interdisziplinarität. Kardiologie zwischen Baltimore und Kiel und ihr Vermächtnis einer Theoretischen Kardiologie.
Herausgegeben und erzählt von Jochen Schaefer unter Mitwirkung von Klaus-Jürgen Nordmann, Michael Schöttler, Hans-Joachim Schwarzkopf, Claas Lattmann und Wolfgang Deppert
Leipziger Universitätsverlag, Leipzig 2011

Thiel, Ch.
»Berichte zur Wissenschaftsgeschichte«
Acta humanitoria, Volume 7, Folgen der Emigration deutscher und österreichischer Wissenschaftstheoretiker und Logiker zwischen 1933 und 1945: Vol. 7, S. 227–256 (1984)
https://onlinelibrary.wiley.com/doi/pdf/10.1002/bewi.19840070201
https://doi.org/10.1002/bewi.19840070201

Commentaries & Opinions

B. Kralemann, J. Schaefer, K. Köther, C. Lattmann: Accompanying commentary relating to the paper of Peter Duesberg, Claus Köhnlein and David Rasnick: »The chemical bases of the various AIDS epidemics: recreational drugs, antiviral chemotherapy and malnutrition«. J. Biosci. 28: 383–412 (2003)

The International Institute for Theoretical Cardiology (IIfTC) was founded in 1984 to intensify the interest in the discussion and analysis of theoretical questions relevant to the development of health and medicine. A special aspect of this interest lies in the analysis and discussion of scientific controversies, the assumptions on which they are based as well as the manner in which such controversies are taking place. We advance as a frame work of such discussions the concepts of the Denkkollektiven (think collectives) developed by Ludwik Fleck and Thomas S. Kuhn. Fleck and later Kuhn argue that the development of Denkkollektiven forms a basis of scientific socialization and thereby also scientific controversies.

We are of the opinion that there are, indeed, non-scientific influences that act on scientific processes, which are in essence anti-scientific in nature yet can be observed rather frequently. They may impair and infringe upon the quality and the further development of scientific theories. In order to avoid such unfavorable influences, we have created a forum by the activity of our institute, so that the existence of such extra-scientific influences can be made an explicit topic of the discussion. Furthermore, this forum is thought to guarantee that these scientific controversies are conducted matter-of-factly and are free from influences that do not belong into the scientific realm. Our position shall be substantiated in the following.

By giving a short outline of the general development and origin of scientific theories we want to show that the exclusion of alternative views from the mainstream research and scientific process removes important elements that are most essential for scientific progress. This process is characterized by continuously developing, criticizing and revising hypotheses. Sometimes they can be called »scientific revolutions« (Kuhn) when they are thought to represent a change in paradigm and thus fundamental conceptual alterations in perspective. During such a process, assumptions must be discussed freely, revised and possibly be rejected. New ways of thinking have to be tested or the »right« questions have to be formulated and the relevant experiments have to be devised. This does not imply that any conceivable hypothesis should be considered as a serious candidate, but all hypotheses based on verifiable facts and observations must be considered, irrespective of their current popularity.

In sum, an effective scientific process can thus be characterized by the following criteria:

1. to provide an as broad as possible fund of theoretical and methodical alternatives

2. that compete with each other in a matter-of-factly argumentative discussion including all alternatives which are supported by empirical, reproducible data and can be connected with the respective theoretical state of the art of the science in question.

3. The evaluation of the particular hypotheses in respect to their plausibility should be based on their scientific claim, on the agreement with the data, and on their abilities to explain and predict medical and scientific facts. Accordingly,

   a) a hypothesis has to be regarded as plausible to the extent that it agrees with empirical data and should be seen as non-plausible to the extent that it contradicts the data set;

   b) a hypothesis gains in plausibility to the extent that it is compatible with other scientific hypotheses and loses its plausibility to the same degree if it contradicts them without being able to explain the contradiction or reasonably questioning the contradicting hypotheses;

   c) a hypothesis gains in plausibility if it can explain relevant phenomena and their interconnections and loses in credibility if it is not able to make them understandable – or is even contradicting them respectively.

Elimination of reasonable hypotheses under other conditions is regarded as suppression of the scientific method and as an inhibitor of innovation.

An exemplary case for the attempt to eliminate and to suppress critical alternatives in thinking by using extra-scientific methods can be found in the history of the AIDS-research. Here, a situation has developed in the last 20 years that is violating the criteria of scientific rationality as they have been defined above. Briefly, the competing positions can be outlined as follows: The HIV-AIDS-hypothesis assumes that HIV is the sole cause of AIDS, and thus that AIDS is an infectious epidemic. By contrast, the paper by Duesberg et al. advances chemical causes – such as the consumption of drugs, anti-viral chemotherapy as well as malnutrition – as the causes of the various AIDS-epidemics and that HIV-infection plays no causal role. Whereas the HIV-AIDS-hypothesis is the widely accepted position, the position of the challengers is shared by only relatively few scientists. The fact that a majority faces a minority in regard to a scientific theory or facts or observations is not problematic at all, but is part of the scientific process. The problem resides in the manner and style in which the representatives of the majority are dealing with the position of the minority.

An influential article by John Maddox, the former editor of the journal *Nature*, is a perfect example of the behavior we object to. In 1993 Maddox asked: »Has Duesberg a right of reply?« Maddox summarized his position as follows: »Dr. Peter Duesberg, the virologist-turned-campaigner, is wrongly using tendentious arguments to confuse understanding of AIDS and those in danger of contracting the disease. He should stop.« Apparently, Maddox classifies a critical constructive scientific contribution by Duesberg as a campaign initiated against better knowledge to impede the scientific process and he thus denies Duesberg the right to openly express his opinion. Instead of dealing with the arguments put forward and of rejecting them on the basis of their theoretical inadequacy, he disputes the right of a scientist to participate in a scientific discourse. In order to maintain such a radical position, Maddox should have demonstrated unequivocally that Duesberg has left evidently and indisputably the ground of empirical science. According to point (3) of our position as outlined above, this would mean that Duesberg's hypothesis does neither affirmatively or critically-constructively link up to the fund of knowledge of relevant theories in this field nor can be related to empirical data. But, first, Maddox' mere supposition is quite remote from such a proof, and, second, the imputed facts are anything else than obvious. Thirdly, however, Duesberg's et al. paper, which represents a summary of the positions that Duesberg has taken in the last years and can thus be regarded as the object of the polemics described by Maddox, demonstrates that the scientific standards as they have been defined above are exemplarily met. Moreover, the polemics of Maddox are particularly astonishing since Duesberg enjoys a high international reputation as a cancer researcher – as has become quite evident in recent years by the great resonance that his theory of aneuploidy in the genesis of cancer has experienced. It would seem to be unlikely that the same person, who is highly respected in one field of science as a scientist par excellence, is suddenly not able to master the general rules and foundations of scientific methodology in another field of science.

With our present commentary on the paper of Duesberg, Koehnlein and Rasnick we do not want to argue which of the two positions that have been exposed above is the more plausible. This decision should be left to the judgement of the reader. Our goal is rather – contrary to the intention of the polemics that wish to prohibit alternative ways of thinking and discussion – to demonstrate that in this controversy there is indeed an important and serious problem of decision which every reasonable person should therefore make on the basis of scientific arguments. In addition, it was our intent to show that independent of the question, whether Duesberg's et al position will be proven correct or not, it does fulfil all criteria of excellent science in every respect.

References

Ludwik Fleck: Entstehung und Entwicklung einer wissenschaftlichen Tatsache. Einführung in die Lehre vom Denkstil und Denkkollektiv, Suhrkamp

Taschenbuch Wissenschaft, 3. Aufl., Frankfurt (1994)

W. Wayt Gibbs: Untangling the Roots of Cancer, in: Scientific American, pp. 56–65 (July 2003)

Thomas S. Kuhn: The Structure of Scientific Revolutions, Sec. Edition, Enlarged, The University of Chicago Press (1970)

J. Maddox: Has Duesberg the right of reply?, Nature 363: 109 (1993)

J. Maddox: New-style abuse of press freedom, Nature 366: 493–494 (1993)

J. Maddox: Duesberg and the new view of HIV, Nature 373: 189 (1995)

Acknowledgements for valuable intellectual input: We express our thanks to Wolfgang Deppert and Günter Zick.

Kritische Einführung zu dem Buch »Virus-Wahn« von Torsten Engelbrecht und Claus Köhnlein (emu-Verlag, Lahnstein 2006)

Das von Torsten Engelbrecht und Claus Köhnlein, einem Journalisten und einem praktizierenden Mediziner, verfasste Buch »Virus-Wahn« verdient Anerkennung, denn es stellt eindrucksvoll die Frage nach der Seriosität der bisher erbrachten wissenschaftlichen Nachweise sogenannter viraler Erkrankungen und virusbedingter Seuchen. Damit bezieht das Buch gegen ein anscheinend etabliertes Wissen Stellung und erfüllt so eine wesentliche und wertvolle Funktion jedes wissenschaftlichen Arbeitens, nämlich des ständigen Zweifelns und des Hinterfragens scheinbar gesicherten Wissens. Diesem Ziel kommt es weniger durch ein inhaltlich-wissenschaftliches als hauptsächlich durch ein medienkritisch-journalistisches Argumentieren nach: Es kritisiert und provoziert, um so erst ein öffentliches Problembewusstsein zu erzeugen. Dabei pendelt der Text zwischen unterschiedlichen Ebenen hin und her, nämlich zwischen der journalistisch-medienkritischen, der inhaltlich-wissenschaftlichen und einer historisch-akzentuierten. Damit problematisiert es die Wechselwirkung zwischen Wissenschaft, ihrer Finanzierung und medialer Gestaltung sozialer Realität. Als Quellen bedienen sich die Autoren vorwiegend – entsprechend der Anlage des Buches – journalistischer Publikationen, die zum Beispiel im *Spiegel* und in der *New York Times* erschienen sind und in allgemein verständlicher Weise wissenschaftliche Sachverhalte berichten. Die Inhalte der von den Autoren zitierten wissenschaftlichen Originalliteratur werden hingegen seltener ausführlich nachgezeichnet und auf wissenschaftlicher Ebene diskutiert. Allerdings kann hinsichtlich der Zielsetzung des Buches das bloße Aufzeigen der sozialen Mechanismen nicht die Auseinandersetzung mit den wissenschaftlichen Theorien selbst ersetzen, denn um ein bestehendes wissenschaftliches Paradigma abzulösen, müsste man nicht nur seine Unbegründetheit aufweisen, sondern ebenfalls eine theoretische Alternative bieten. Darum fordert das Buch zu weiterer Theorienbildung auf, zum Beispiel zur Aufhellung der in ihm angesprochenen Impfproblematik.

Unserer Meinung nach geht es den Autoren darum, ihr Unbehagen über die gegenwärtige gesundheitspolitische und medizinisch-wissenschaftliche Wirklichkeit auszudrücken. Sie sehen ein grundsätzliches Problem darin, dass in der Medizin eine Tendenz besteht, komplexe Sachverhalte vorwiegend mit monokausalen Denkansätzen wissenschaftlich zu erfassen. Dabei darf daran erinnert werden, dass für die

Erklärung und das Verständnis von bakteriell bedingten Infektionskrankheiten dieses Vorgehen nicht selten erfolgreich gewesen ist.

So diskutieren die Autoren die Art und Weise, wie eine monokausale Sichtweise die medizinische Forschung einengen kann, am Beispiel der Theorie zur Entstehung von AIDS, die eine Verursachung allein durch das HI-Virus unterstellt. Die Autoren setzen dieser monokausalen Sicht ihre Auffassung entgegen, dass sich Krankheiten besser verstehen ließen, wenn man sie als von einer Vielzahl von Faktoren abhängig analysiert. Dieser Auffassung zufolge ließen sich viele Krankheiten, auch wenn der vermeintlich monokausale Erreger vorhanden ist, in den meisten Fällen durch einen ungeschwächten Organismus selbst abwehren. Diese Sicht könnte – auch wenn die Virustheorie selbst nicht, wie von diesem Buch behauptet, falsch ist – wichtige Erkenntnisse über noch nicht hinreichend verstandene Krankheiten ermöglichen, die sich bisher einer Erklärung im Rahmen einer monokausalen Theorie widersetzt haben. Dieses weitere wichtige Anliegen dieses Buches, Krankheiten prinzipiell multikausal als komplexe Phänomene zu betrachten, erscheint uns grundsätzlich wertvoll.

Essay II

Einleitung

Eigenartigerweise kommt in den Protokollen der IIfTC-Arbeitstreffen, die in einem kolloquialen Rahmen in Schilksee seit März 2005 bis zum 21. Februar 2020 (insgesamt 128) in anfangs überwiegend monatlichen und allmählich mehrmonatigen Abständen stattfanden, der Name Hans Reichenbach und sein Werk als Thema nicht vor, obwohl er wie auch sein Œuvre natürlich allen bekannt war. Erst in der BoD-Veröffentlichung von 2022 »Cardiology challenging empirical Physiology« nimmt er einen prominenten Platz auf dem Backcover ein.

Wie kann es zu einer solchen Kluft zwischen Hintergrundwissen und Wahrnehmung seiner aktuellen potenziellen Bedeutung, einem Hiatus, kommen?

Erste literarische Begegnungen mit Hans Reichenbach und Vergleich mit den Zielsetzungen des IIfTC

Wenn Erinnerungen auch sehr häufig trügen mögen, so scheint es so zu sein, dass mich persönlich der Titel des von Nikolay Milkov im Jahre 2011 kommentierten und herausgegebenen Buches: »Ziele und Wege der heutigen Naturphilosophie. Fünf Aufsätze zur Wissenschaftstheorie« von Hans Reichenbach (Autor); Nikolay Milkov (Herausgeber), gefangen nahm.[49] Auch das vom Arbeitskreis um Nikolay Milkov 2015 herausgegebene Buch »Die Berliner Gruppe« hatte mich sehr angesprochen[50], wobei mich etwas erstaunte, dass der Name von Friedrich Kraus in keinem der beiden Personenregister auftaucht.

Die Attraktion des Wortes »Naturphilosophie« bestand u. a. darin, dass sich unser Arbeitskreis aufgrund meiner langjährigen Tätigkeit als Chefarzt der Kur- und Reha-Kliniken Küppelsmühle in Bad Orb

---

[49] Milkov, N. Hrsg. (2011).
[50] Milkov, N. Hrsg. (2015).

mit der Praxis und der Theorie naturheilkundlicher Fragen auseinandersetzen musste (für weitere Literatur und Belege siehe dazu[51]).

Als besonders aufregend empfand ich, wie sich Hans Reichenbach 1931 zum Verhältnis von Philosophie und »On-going«-Wissenschaft in den anderen Fachdisziplinen wie Physik, Medizin, Psychologie äußerte.[52]

> Der Name Naturphilosophie gewinnt in unseren Tagen einen neuen Klang. Herausgewachsen aus den Resultaten naturwissenschaftlicher Forschung, beginnt eine neue philosophische Wissenschaft, erfüllt von Intensität und Strenge, ihr Dasein zu gestalten; sie hat bereits eine Reihe von alten Problemen zu ungeahnter Wendung geführt und ebenso eine Anzahl neuartiger Probleme aufgewiesen, deren Existenz man früher übersehen hatte. Es ist diese neue Naturphilosophie, deren Problemlage in dem folgenden Umriss dargelegt werden soll. Was ist das Neue an dieser Naturphilosophie? Nicht so sehr das Ziel als vielmehr der Weg. Ihr Ziel ist die Lösung einer Reihe erkenntnistheoretischer Grundfragen, die z. T. schon in der älteren Philosophie eine Rolle gespielt haben, z. T. allerdings in unseren Tagen erst gesehen worden sind. Ihr Weg aber ist grundsätzlich anders als der der traditionellen Philosophie. Denn sie will diese erkenntnistheoretischen Probleme nicht durch abstrakte Spekulation, nicht durch Versenkung in reines Denken, nicht durch eine Analyse der Vernunft lösen, wie dies von allen bisherigen Philosophen mehr oder weniger versucht worden ist – sie glaubt vielmehr, nur im engsten Zusammenhang mit naturwissenschaftlicher und mathematischer Forschung ihre Probleme lösen zu können, und Analyse der positiven wissenschaftlichen Erkenntnis ist der Weg, den sie sich im

---

[51] Schaefer, J. et al. (2011).
       Lohff, B., Schaefer, J. (2022).
       Schaefer, J., Lohff, B., Deppert, W. (1989).
       Lohff, B., Schaefer, J., Nierhaus, K. H., Peters, Th., Schaefer, T., Vos, R. (1998).
[52] Milkov, N. (2011) S. 47.
       Reichenbach, H. (1931) Der Band versammelt die wichtigsten Texte, mit denen Reichenbach sein wissenschaftsphilosophisches Programm begründete. Der erste Teil enthält zwei Aufsätze und die Abhandlung ›Ziele und Wege der heutigen Naturphilosophie‹ (1931 bei Meiner erschienen) aus der Entstehungszeit der ›Berliner Gruppe‹. Die beiden Texte im zweiten Teil zeigen die Weiterentwicklung seines Programms in der Emigration in den 1930er- und 1940er-Jahren zu der Doktrin des »radikalen Empirismus«. Der letzte Aufsatz ist eine frühe Ausarbeitung der Thesen, die Reichenbach in seinem bekanntesten Buch ›The Rise of Scientific Philosophy‹ (1951) dargestellt hat (https://t1p.de/x01i0).

Gegensatz zu aller Analyse der Vernunft gewählt hat. (Reichenbach, Zitat
S. 47)

Seine erkenntnistheoretische Position hat Hans Reichenbach schon
1930[53] mit der Übernahme der Herausgeberschaft der Zeitschrift »Erkenntnis« (S. 1–2) beschrieben:

> Es ergibt sich aber aus unserer Zielsetzung, dass der Schwerpunkt der Zeit-
> schrift in den Arbeiten liegt, die ihre Quellen in dem ertragreichen Boden
> der Empirie haben; der Strom philosophischer Erkenntnisse, der in unse-
> rer Zeit reicher als je aus den Einzelwissenschaften fließt, soll in unserer
> Zeitschrift ein Bett finden, das ihn fasst und weiterführt und ihm geordnete
> Bahnen weist. Solange die Naturwissenschaften wie bisher den weitaus
> größten Teil an Erkenntnissen in die Philosophie hineintragen, so lange
> werden sie deshalb den Schwerpunkt der Zeitschrift bestimmen, aber an
> sich scheint uns eine Befruchtung der Philosophie durch die Geisteswissen-
> schaften, die wir überhaupt nur in arbeitstechnischem Sinne von den Na-
> turwissenschaften abtrennen möchten, in gleicher Weise möglich, und wir
> hoffen, von solcher Philosophie der Geisteswissenschaften ebenfalls Zeug-
> nisse bringen zu können. Wir richten deshalb an alle, die in den Fachwis-
> senschaften arbeiten oder aus der Schule der Fachwissenschaften heraus
> zur Erkenntniskritik gekommen sind, die Bitte, uns ihre Arbeiten zu schi-
> cken und mit uns zu bauen an einer Philosophie der Wissenschaft.

Angeregt durch diese Lektüre stieß ich auf die von Maria Reichenbach
verfasste Übertragung der Originalausgabe von Hans Reichenbachs
»The rise of scientific Philosophy« in der bei F. A. Herbig Verlagsbuch-
handlung erschienenen deutschen Ausgabe »Aufstieg der wissenschaftlichen Philosophie«[54]. Hier heißt es im Vorwort (S. 10) zur deutschen Ausgabe (1951/53), also rund 20 Jahre später:

> Die in diesem Buch dargelegten Gedanken gehen lange Zeit zurück. In ih-
> ren Grundlagen wurden sie entwickelt, als ich noch an deutschen

---

53 Reichenbach, H., S. 1–2 (1930). Details zur Entstehung und Zielsetzungen der Zeitschrift
    Erkenntnis, vgl. Hannelore Bernhardt: Zur Geschichte der Zeitschrift »Erkenntnis«
    (1930–1940) im Lichte des Briefwechsels von Hans Reichenbach, in: E. Neuenschwan-
    der/L. Bouquiaux (eds.): Science, Philosophy and Music [Proceedings of the XXth Inter-
    national Congress of History of Science (Liège, 20–26 July 1997), XX] Bredpolis: 2002,
    p. 105–112. https://doi.org/10.1484/M.DDA-EB.4.00602.
54 Reichenbach, H. (1951/3).

Hochschulen tätig war; und sie bildeten das Programm einer philosophischen Gruppe, die in den Jahren 1926 bis 1933 in Berlin erfolgreich bemüht war, die Anhänger einer wissenschaftlichen Philosophie zu gemeinsamer Arbeit zu vereinen. In den Vortragsabenden der Gesellschaft für wissenschaftliche Philosophie und der Herausgabe der Zeitschrift »Erkenntnis« fand diese Arbeit ihren öffentlichen Ausdruck. Von den Mitgliedern möchte ich hier insbesondere Prof. Friedrich Kraus, Prof. Walter Dubislav, Dr. Kurt Grelling, Dr. Alexander Herzberg und Graf Georg von Arco nennen, die heute nicht mehr am Leben sind. Aus der Zusammenarbeit dieser Gruppe mit ähnlichen Gruppen, vor allem dem Wiener Kreis, der von M. Schlick und R. Carnap geleitet wurde, und der Gruppe polnischer Logiker, die sich um J. Lucasiewiecz und A. Tarski scharten, erwuchs eine Bewegung, die sich über viele Länder verbreitet hat.

Die in den bisher genannten Quellen geäußerten Gedanken sowie weitere nach 2011 erfolgte Publikationen bereiteten wohl den Boden für die Erkenntnis und für die hier zur Diskussion gestellten These, dass ideengeschichtliche Linien zwischen den von Hans Reichenbach schon 1930[55] mit der Übernahme der Herausgeberschaft der Zeitschrift »Erkenntnis« veröffentlichten und praktisch vertieften, weiter oben zitierten Ansätzen und dem 1982 gegründeten und seit 40 Jahren aktiven IIfTC zu bestehen scheinen (siehe auch S. 165).

Wir wollen den Versuch unternehmen, mögliche Vergleichspunkte zwischen der *Gesellschaft für wissenschaftliche Philosophie* und der ›*Berliner Gruppe*‹ gegenüber dem *IIfTC*, die in einem Abstand von mehr als 50 Jahren existier(t)en, zu benennen. Als wertvoller Ausgangspunkt diente uns dafür die Dissertation von Wilhelm Schernus (2005)[56], aus der wir zitieren möchten, da Schernus auf die Komplexität der Gesellschaft für wissenschaftliche Philosophie und den mit dieser verbundenen »Untergruppen« hinweist (S. 15):

»Doch zeigt sich bei näherer Betrachtung, dass die Berliner Gruppe, ein Kreis von Philosophen in der Hauptstadt um Hans Reichenbach, kaum je als eigenständige Gruppierung im Rahmen des Logischen Empirismus, und die Gesellschaft für wissenschaftliche Philosophie, mit der es personelle Überschneidungen gab und deren Leitung nicht unerheblich von den

---

55 Reichenbach, H. (1930).
56 Schernus, W. (2005).

Mitgliedern der Berliner Gruppe bestimmt wurde, so gut wie nie näher untersucht worden sind.

Aber bereits den zeitgenössischen Betrachtern scheint eine Differenzierung schwergefallen zu sein. Die Berliner Gruppe bzw. die Gesellschaft für wissenschaftliche Philosophie oder einzelne ihrer Mitglieder werden mehr oder weniger vorbehaltlos dem Wiener Kreis zugeschlagen oder als nur ›verwandt mit den Bestrebungen des Wiener Kreises‹ dargestellt. Diese Tendenz setzt sich in den Darstellungen nach dem Zweiten Weltkrieg fort. Erst in jüngster Zeit sind Bemühungen zu verzeichnen, die Berliner Gruppe aus der engen Verklammerung und nicht selten Identifizierung mit dem Wiener Kreis zu lösen und ihr ein eigenständiges kulturelles und wissenschaftshistorisches, aber auch philosophisches Profil zu geben.

Gegen die Tendenz der Unterbeleuchtung der Berliner Gruppe hat vor allem Hans Reichenbach sich früh und in scharfer Form gewandt und darauf bestanden, ihre Leistungen angemessen gewürdigt zu sehen.

Seine Einwände liefern zwei Stichpunkte zu zentralen Themen, auf die hier nur hingewiesen werden kann: zum einen die Abgrenzungen der Berliner Gruppe, insbesondere Hans Reichenbachs gegenüber den philosophischen Ansichten des Wiener Kreises, zum anderen die zentrale Stellung, die die Zeitschrift Erkenntnis für die Entwicklung und Visibilität des Logischen Empirismus innehatte und an deren Gestaltung sich die inhaltlichen Differenzen mit den ›Wienern‹ niederschlägt. Seine Einwände liefern zwei Stichpunkte zu zentralen Themen, auf die hier nur hingewiesen werden kann: zum einen die Abgrenzungen der Berliner Gruppe, insbesondere Hans Reichenbachs gegenüber den philosophischen Ansichten des Wiener Kreises, zum anderen die zentrale Stellung, die die Zeitschrift Erkenntnis für die Entwicklung und Visibilität des Logischen Empirismus innehatte und an deren Gestaltung sich die inhaltlichen Differenzen mit den ›Wienern‹ niederschlägt.«

Formale, zahlenmäßig belegte Daten zur Tätigkeit der ›Berliner Gruppe‹

Wir können an dieser Stelle auf zwei Publikationen verweisen, die in detaillierter Weise dieses Datenmaterial untersucht und analysiert haben.[57] Charakteristisch für die *Gesellschaft für wissenschaftliche Philosophie*, in deren Rahmen die *›Berliner Gruppe‹* ihre

---

[57] Dannenberg, L. & Schernus, W. (1994).
Schernus, W. (2005).

Eigenständigkeit bewahrte, sind die zahlreichen Vortragsveranstaltungen vor einer größeren Zuhörerschaft von über hundert Interessierten, die (wohl) sämtlich im Hörsaal der Charité stattfanden, deren Direktor bis 1927 Friedrich Kraus[58] war, dem Gustav von Bergmann[59] als Ordinarius für innere Medizin folgte.

Aufgrund des publizierten Zahlenmaterials ist zu erkennen, wie häufig die in der Charité gehaltenen Vorträge auch in der Zeitschrift *Erkenntnis* ihren Niederschlag bzw. ihre Vertiefung erfuhren oder hätten erfahren können. Dannenberg/Schernus (1994) schreiben über ihr Vorhaben dazu (S. 413; 414 bis 477):

Gesellschaft für wissenschaftliche Philosophie – Vorträge Termine, Nachweise und bio-bibliografische Materialien (S. 413):

Der nachfolgende Teil umfasst zwei Listen mit den von der *Gesellschaft für wissenschaftliche Philosophie* organisierten öffentlichen Vorträgen und Veranstaltungen. Um die ganze Breite des Veranstaltungsprogramms zu demonstrieren, haben wir jeden Hinweis auf einen in Aussicht genommenen oder konkreter geplanten Vortrag mit aufgenommen, gleichgültig ob dieser Vortrag dann tatsächlich gehalten worden ist oder nicht. Dabei ergeben sich zu den bislang abgedruckten Listen (dies gilt auch für die in der *Erkenntnis* veröffentlichten Vortragsfolgen) zahlreiche Korrekturen. Darüber hinaus konnten Vorträge ermittelt werden, die bisher unbekannt waren.

Die *erste* Liste enthält die Vortragenden in alphabetischer Reihenfolge. An erster Stelle sind das Datum, der Name des Referenten und der Titel des Vortrages genannt. An zweiter Stelle – Quelle Vortrag und Datum – haben wir versucht, alle Hinweise zum Thema und zum Termin des jeweiligen Vortrags zusammenzutragen. Konnten von den Hinweisen unabhängige Bestätigungen für einen gehaltenen Vortrag ermittelt werden (in der Regel sind es Besprechungen in Tageszeitungen oder Zeitschriften, aber auch Hinweise auf Bezugnahmen in Diskussionen), so finden sich diese Daten in der Rubrik »Bestätigung«. Soweit Abdrucke der Vorträge ermittelt werden konnten, sind sie in der Rubrik »Abdruck« mit den entsprechenden Quellen aufgenommen. Die Rubrik »Bezugstext« enthält vermutete Vorlagen für den Vortrag oder Texte mit ähnlicher Thematik. Hierauf folgen biografische Daten, die am akademischen Werdegang des Vortragenden orientiert sind und die die wissenschaftliche Situierung des Referenten

---

58 Kraus, F. (https://t1p.de/b27bs).
59 Von Bergmann, G. (https://t1p.de/9zzuo).

erleichtern sollen. Zu ›weniger bekannten‹ Personen werden mehr Daten geliefert, insgesamt bleiben diese Angaben gleichwohl fragmentarisch, da sie lediglich orientierende Funktion haben können. Diesem Zweck dienen auch die Angaben in der Rubrik »Bibliografie«, sodass einige Referenten, die als ›bekannt‹ gelten können, ohne Eintragung bleiben. Ansonsten wurde ausgewählt und Beiträge, die thematisch nichts mit der Verbindung von Einzelwissenschaft und Philosophie zu tun haben, z. B. rein wissenschaftlich-experimentelle Beitrage, blieben unberücksichtigt. Die Angaben in der Rubrik »Literatur« enthalten ausgewählte Sekundärliteratur. Bevorzugt aufgenommen wurden Beiträge, die Auskünfte geben zum Leben und Werk des Referenten und weiterführende bibliografische Angaben enthalten. Ist ein Referent mit mehr als einem Vortrag vertreten, so finden sich die bio-bibliografischen Angaben unter dem ersten Vortrag. Die *zweite* Liste dient der schnellen Orientierung. Sie enthält in Kurzform nur das Datum, den Namen des Referenten mit dem Titel des Vortrags chronologisch geordnet.

Wir haben nun diese ausführlichen Datensammlungen von Dannenberg und Schernus (1994) und Schernus (2005) genauer betrachtet, um einen Einblick darüber zu erhalten, in welchem Umfang das von Hans Reichenbach geforderte Zusammenwirken von Wissenschaftstheorie und experimentellen Biowissenschaften und klinischer Medizin verwirklicht oder zumindest belegbar angegangen wurde. Dabei ist es schwierig zu klären, ob dies auch in miteinander arbeitenden Gruppen oder überwiegend auf Einzelpersonen oder Ad-hoc-Diskussionen beschränkt war.

Bei Schernus (2005) heißt es dazu (S. 26/7):

Die Vorträge fanden im Hörsaal der II. Medizinischen Klinik der Charité statt, deren Direktor Friedrich Kraus bis 1927 war und der auch nach Kraus' aktiver Zeit genutzt wurde. Sie wurden in der Regel von 100 bis 300 Zuhörern besucht. In besonderen Fällen konnten die Teilnehmerzahlen allerdings wesentlich höher sein. Nach dem Bericht von Erich Hesse waren bei dem Vortrag von Wilhelm Gubisch »etwa 800 Ärzte und Ärztinnen« anwesend. Sie scheinen zumeist von einem Stammpublikum besucht worden zu sein, bei dem Akademiker, **insbesondere aber medizinische Berufe** [hervorgehoben durch JS], dominierten. Doch strahlten die Vorträge der Gesellschaft weit in das Berliner kulturelle Leben.

Bei den Veranstaltungen im Rahmen der Gesellschaft lassen sich Formen unterscheiden: Zumeist handelte es sich um Vorträge, an die sich in der Regel eine Diskussion anschloss, gelegentlich waren es aber auch reine Diskussionsabende, die an einem vorgegebenen Thema ausgerichtet waren und von einer Diskussionsleitung im Zaum gehalten wurden. Die Diskussionen, die nicht selten mit ausgewählten Teilnehmern in einer Gaststätte fortgesetzt wurden, scheinen kontrovers gewesen zu sein und nicht selten zu heftigem Meinungsstreit geführt zu haben. Das hat dazu geführt, dass die Mitgliederversammlung sich am 11.6.1928 eine »Diskussionsordnung« gegeben hat. In ihr wird festgelegt, (1) dass Diskussionsteilnehmer sich in der Pause nach dem Vortrag in eine Liste einzutragen haben und der Diskussionsleiter festzustellen habe, dass sich »nur solche Teilnehmer eintragen [...], von denen im Hinblick auf ihre wissenschaftliche Qualifikation erwartet werden kann, dass sie zu den Ausführungen der Vortragenden etwas Belangvolles zu sagen haben«. Die Redezeit (2) der Diskussionsteilnehmer wurde auf fünf Minuten begrenzt; doch konnte sie auf zehn Minuten verlängert werden, wenn die Ausführungen »besonders wertvoll« erschienen, oder aber auch unterbrochen werden, wenn »wissenschaftlich nicht ernst zu nehmende Aussagen« gemacht werden. Der Diskussionsleiter (3) durfte nicht selbst mitdiskutieren, es sei denn, er hätte sich selbst in die Liste eingetragen und die Diskussionsleitung abgegeben. Schließlich (4) sollen Diskussionen unter den Teilnehmern unterbunden werden.

Friedrich Kraus

In Bezug auf den Vergleich mit der Tätigkeit des IIfTC interessiert uns vor allem, in welchem Umfang auf kardiophysiologische Problemstellungen eingegangen wurde. Wir verwendeten dafür folgende Suchwörter bzw. Begriffe: Kreislauf – Herz – Physiologie – Biochemie – Funktion – Zweck – Evolution – Technisierung – Medizin. – Allein das Schlüsselwort Herz verwies auf einen 1927 von Friedrich gehaltenen Vortrag.[60] Leider ist der Inhalt des Vortrags selbst nicht veröffentlicht worden. Allerdings verweisen andere Publikationen von Friedrich Kraus, auf die wir weiter unten eingehen werden, dass er

---

[60] 25.10.1927 Friedrich Kraus. Das Herz als Beispiel einer periodischen Einregelung serialen Geschehens. Quelle Vortrag und Datum: Einladungskarte zum Vortrag (Petzoldt-Nachlass TU Berlin Pe 32–23); Rundschreiben der Gesellschaft vom Anfang 1928 (Petzoldt-Nachlass TU Berlin Pe 32–17). Bemerkung: Im Rundschreiben als gehaltener Vortrag aufgeführt, zitiert in Dannenberg/Schernus (1994) S. 44 und Schernus (2005) (S. 443).

Eigenschaften des Herzmuskels in einen größeren wissenschaftstheoretischen Zusammenhang zu bringen versucht und damit den von Reichenbach explizierten Vorgehen durchaus genügte.[61]

Vom Herzen hatten i c h und F u c h s (in einer bereits publizierten Arbeit) zeigen können, dass sein Muskel im Spiel zwischen systolischem und diastolischem Verhalten ein Gerinnungssystem darstellt. Alkoholisches Rinderextrakt des Herzens (das Lipoid der Wa.-Probe, das Automatin von Zwaardemaker, ein Kephalin) begünstigt (nach Umständen) die Systole. Neuerdings konnten wir nachweisen, dass Prothrombin aus Blutplasma und Muskel die Kontraktion des Herzens und seinen Tonus zunächst steigert, dann, bis zum Stillstand, herabsetzt. Heparin steigert die Diastole.
Auch das Herz »spielt eine Melodie mit einer Vielheit aufeinander folgender Variationen« [Hervorhebung durch JS]. Nicht allein: Voraussetzung ist die Naturidee persönlicher Konstellation. Aber auch ein durchgreifender realistischer Unterbau darf nicht fehlen: neben den Elektrolyten als Taktgebern die verschieblichen Gleichgewichte zwischen Phosphat (Zytozym) und Antithrombin (Heparin).

Kraus verwendet hier Formulierungen zur Tätigkeit des Herzens, die an Denis Noble (2006)[62] sowie an Moser et al. (2008)[63] knapp achtzig Jahre später erinnern.

Nachstehend einige biografische Angaben zu Friedrich Kraus, die wir den »Denkmälern der Charité« entnehmen:[64]

Der Österreicher Friedrich Kraus war von 1902 bis 1927 Direktor der II. Medizinischen Klinik der Charité. In seiner 25-jährigen Amtszeit machte er sie zu einem modernen Krankenhaus-, Forschungs- und Lehrbetrieb – zu einem internationalen Zentrum auf dem Gebiet der inneren Medizin.

Seit dem späten 19. Jahrhundert bestimmt die Einführung von messenden und bildgebenden Verfahren zur Erkennung von Tuberkulose, Krebs, Herz- und Kreislauferkrankungen die Entwicklung der inneren Medizin. Zu den diagnostischen Verfahren, die Kraus und seine Schüler in die

---

[61] Kraus, F. (1929) DMW (S. 945).
Kraus, F. (1930) Erkenntnis.
Kraus, F. (1933) Medizinische Welt.
[62] Noble, D. (2006).
[63] Moser, M., Frühwirth, M., Kenner, Th. (2008).
[64] https://denkmaeler.charite.de/kraus/person.html.
https://denkmaeler.charite.de/kraus/.

Krankenhauspraxis einführten, gehörten zum Beispiel die Röntgenologie und die Elektrokardiografie. Das Aufkommen dieser technikgestützten, objektivierenden Diagnoseverfahren markiert den Beginn der modernen »Apparatemedizin«.

Kraus befasste sich aber auch mit philosophischen und psychologischen Aspekten der Medizin. Er gehörte zu den Vertretern einer »ganzheitlichen« Richtung, die im frühen 20. Jahrhundert eine konstitutionsmedizinische Auffassung von Krankheit und Gesundheit entwarf. Dieser Ansatz prägte auch seine Mitarbeiter, darunter Theodor Brugsch und Rahel Hirsch. Das elfbändige Sammelwerk über die »Spezielle Pathologie und Therapie innerer Krankheiten«, das Kraus zusammen mit Theodor Brugsch herausgab, fand in der Fachwelt große Beachtung.

Eine entscheidende Voraussetzung für die Modernisierung der II. Medizinischen Klinik durch Friedrich Kraus war 1910 ihr Umzug aus der sogenannten »Alten Charité« in ein neues, eigenes Haus. Als er sein Amt 1927 niederlegte, wurde rechts vor dem Eingang zu diesem Gebäude seine Büste aufgestellt. Die Initiative kam offenbar von seinem Assistenten Theodor Brugsch (1945 bis 1957 Ordinarius für Innere Medizin und Direktor der I. Medizinischen Klinik der Charité). Der Bildhauer Hugo Lederer war mit der Ausführung betraut. Er hat eine sogenannte Hermenbüste gestaltet und auch ihren Standort – komplementär zum Denkmal von Ludwig Traube – bestimmt.

Im Rahmen der Abschiedsfeier für den Internisten Friedrich Kraus fand im März 1927 die Enthüllung seiner Büste statt. Der Festakt wurde sogar in einer Wochenschau dokumentiert, wie Brugsch in seinen Erinnerungen vermerkt. Während das Denkmal für Ludwig Traube in der NS-Zeit demontiert wurde, hat die Kraus-Büste die folgenden Jahrzehnte an ihrem Platz überdauert. 1990/91 wurde sie jedoch vom Sockel getrennt und gestohlen. Durch einen glücklichen Zufall wurde das Bronzeporträt 2008 wiedergefunden und konnte nach seiner Restaurierung 2012 am alten Ort wieder aufgestellt werden.[65]

Friedrich Kraus wird bei Bruno Kischs »Die Geschichte der Organisation der Kreislaufforschung in Deutschland« zu den aufstrebenden

---

[65] https://denkmaeler.charite.de/kraus/person.html.
https://denkmaeler.charite.de/kraus/.

Kräften unter den Kardiologen gezählt.[66] Zudem gewährt die von
Bruno Kisch verfasste Schrift auch einen aufschlussreichen Blick in die
sich seit Anfang der Zwanzigerjahre entwickelnden und dem Herz-
Kreislauf-System gewidmeten Publikationsorganen. Allerdings wurden die beiden die Zukunft der Kardiologie mitbestimmenden Arbeiten von W. Forssmann in nicht kardiologischen Zeitschriften publi-
ziert.[67]

Friedrich Kraus und Hans Reichenbach

Konkret und zitierbar können wir annehmen, dass direkte Gespräche
zwischen Friedrich Kraus und Hans Reichenbach über Fragen des
Herz-Kreislauf-Systems und den wissenschaftstheoretischen und wissenschaftsphilosophischen Aspekten und Ansätzen vor der Veröffentlichung seines Artikels »Eins- und Vieles-Problem in biologischer Betrachtung« in der Zeitschrift *Erkenntnis* stattgefunden haben müssen,
wenn man dem nachfolgenden hervorgehobenen Zitat folgen will.
Letzteres ist durchaus auch für die anderen hier zitierten Publikationen von Friedrich Kraus zu vermuten, die als »Denkhintergrund« in
den Gesprächen eine Rolle gespielt haben mögen. Eine solche Annahme wird durch ein Zitat von Schernus 2005 (Seite 106) gestützt, in
dem er aus einem Briefwechsel Hans Reichenbachs an Ernst von Aster
vom 3. Juni 1935 zitiert:

> **»Unsere Gesellschaft für wissenschaftliche Philosophie hat alle
> zwei oder drei Wochen einen Kreis von 100 bis 300 Menschen
> zu Vorträgen und Diskussionen vereinigt, in meinen Seminaren
> und Kolloquien sind alle unsere Probleme durchdiskutiert wor-
> den, und, last, not least, die *Erkenntnis*, wohl das wichtigste
> Glied unserer Organisationsarbeit, ist in Berlin gegründet wor-
> den und auch von dort aus geleitet worden** [Hervorhebung durch
> JS].«

Wenn diese Annahme zutrifft, so scheint uns damit eine direkte
»ideengeschichtliche Verwandtschaft« zwischen der ›Berliner
Gruppe‹ Hans Reichenbachs und dem IIfTC zu bestehen.

---

[66] Kisch, B. (1955), S. 5.
[67] Forssmann, W. (1929).
Forssmann, W. (1931).

In einem wahrhaft »übertragenen Sinne« hat Carl Gustav Hempel (1905–1997), Schüler von Hans Reichenbach, mehr als 35 Jahre später diesen »Gesprächsfaden« als Diskussion über die Funktion des Herzens wieder aufgenommen, wie wir in »Cardio-Physiology challenging Empirical Philosophy« dargelegt haben.

Carl Gustav Hempel (1905–1997) demonstrates his concept of an explanatory model of the biological sciences using the phenomenon of a heartbeat: »Historically speaking, functional analysis is a modification of teleological explanation, i. e., of explanation not by reference to causes which ›bring about‹ the event in question, but by reference to ends which determine its course. Intuitively, it seems quite plausible that a teleological approach might be required for an adequate understanding of purposive and other goal-directed behavior; and teleological explanation has always had its advocates in this context.«[68]

Regarding the »function« of the heart, he states: »The heartbeat in vertebrates has the function of circulating blood through the organism.«[69] Hempel summarized his considerations in the following statement: »The heartbeat has the effect of circulating the blood, and this ensures the satisfaction of certain conditions (supply of nutrients and removal of waste) which are necessary for the proper working of the organism.«[70]

---

[68] Hempel, C.G. (1965), S. 304.
[69] Hempel, C.G. (1965), S. 305.
[70] Ibd.

Literaturverzeichnis

(Die Formatierung erfolgte entsprechend unserer Website.)

Charité
Denkmäler berühmter Wissenschaftler und Politiker in den Gartenanlagen des Universitätsklinikums Charité
a) https://denkmaeler.charite.de/kraus/person.html
b) https://denkmaeler.charite.de/kraus/

Dannenberg, L., Schernus, W.
Die Gesellschaft für wissenschaftliche Philosophie: Programm, Vorträge und Materialien. (S. 15–103)
Anhang in: Dannenberg, L., Kamlah, A., Schäfer, L. (Hrsg.) Hans Reichenbach und die Berliner Gruppe. Vieweg (1994) S. 391–481

Forssmann, W.
Die Sondierung des rechten Herzens
Klinische Wochenschrift 45:2085–2087 (1929)

Forssmann, W.
Über Kontrastdarstellung der Höhlen des lebenden rechten Herzens und der Lungenschlagader
Münchener Medizinische Wochenschrift 78:489–492 (1931)

Hempel C. G.
Aspects of Scientific Explanation, and Other Essays in the Philosophy of Science
New York: The Free Press 1965

Kisch, B.
Die Geschichte der Organisation der Kreislaufforschung in Deutschland
Sonderabdruck aus der Zeitschrift für Kreislaufforschung 44 (Heft 7-8):3–22 (1955)

Kraus, F.
Das Herz als Beispiel einer periodischen Einregelung serialen Geschehens
Siehe 25.10.1927, zitiert in: Dannenberg/Schernus (1994) S. 44 und Schernus (2005) S. 443

Kraus, F.
Eins- und Vieles-Problem in biologischer Betrachtung
Erkenntnis 1:341–360 (1930)

Kraus, F.
Theorienbildung in der klinischen Medizin
Deutsche Medizinische Wochenschrift 55: 943–946 (1929)

Kraus, F.
Über die individuelle und die typische Betrachtung
Die Medizinische Welt 7:1341–1344 (1933)

Kuhtz-Buschbeck, J. P., Drake-Holland, A., Noble, M. I. M., Lohff, B., Schaefer, J.
Rediscovery of Otto Frank's contribution to science
Journal of Molecular and Cellular Cardiology 119: 96–103 (2018) (with supplemental materials)

Lohff, B., Schaefer, J., Nierhaus, K. H., Peters, Th., Schaefer, T., Vos, R.
Natural defenses and autoprotection: Naturotherapy, an old concept of healing in a new perspective
Medical Hypotheses 51: 147–151 (1998)

Lohff, B., Schaefer, J. in collaboration with Kuhtz-Buschbeck. J., Thalheim, B., Rumberger E.
Cardio-Physiology Challenging Empirical Philosophy. Three Essays
BoD Norderstedt (2022)

Milkov, N. (Hrsg.)
Ziele und Wege der heutigen Naturphilosophie. Fünf Aufsätze zur Wissenschaftstheorie von Hans Reichenbach
Felix Meiner Verlag, Hamburg 2011

Milkov, N. (Hrsg.)
Die Berliner Gruppe. Texte zum Logischen Empirismus von Walter Dubislav, Kurt Grelling, Carl. G. Hempel, Alexander Herzberg, Kurt Lewin, Paul Oppenheim und Hans Reichenbach
Felix Meiner Verlag, Hamburg 2015

Moser, M., Frühwirth, M., Kenner, Th.
The Symphony of Life (Chronological Investigations)
Published in: IEEE Engineering in Medicine and Biology Magazine (Volume: 27, Issue: 1, Jan.-Feb. 2008)
DOI: 10.1109/MEMB.2007.907365

Noble, D.
The Music of Life. Biology beyond the Genes
Oxford University Press 2006

Reichenbach, H.
Zur Einführung
Erkenntnis 1,1–3 (1930)

Reichenbach, H.
Ziele und Wege der heutigen Naturphilosophie
Felix Meiner 2011 in N. Milkov

Schaefer, J., Lohff, B., Deppert, W.
Thesen und Gegenthesen zur Wirksamkeit von Kurort-Medizin
Z. Phys. Med. Baln. Med. Klim. 18 (1989)

Schaefer, J., Nierhaus, K. H., Lohff, B., Peters, Th., Schaefer, T., Vos, R.
Mechanisms of autoprotection and the role of stress-proteins in natural defenses, autoprotection, and salutogenesis
Medical Hypotheses 51: 153–163 (1998)

Schaefer, J., Nordmann, K.-J., Schöttler, M., Schwarzkopf, H.-J., Lattmann, C., Deppert, W.
Gelebte Interdisziplinarität. Kardiologie zwischen Baltimore und Kiel und ihr Vermächtnis einer Theoretischen Kardiologie
Herausgegeben und erzählt von Jochen Schaefer unter Mitwirkung von Klaus-Jürgen Nordmann, Michael Schöttler, Hans-Joachim Schwarzkopf, Claas Lattmann und Wolfgang Deppert Leipziger Universitätsverlag, Leipzig 2011

Schernus, W.
Verfahrensweisen historischer Wissenschaftsforschung Exemplarische Studien zu Philosophie, Literaturwissenschaft und Narratologie
Diss. phil, Hamburg 2005

Namensregister